Glücklich pensioniert – so gelingts!

URS HALDIMANN

Glücklich pensioniert –
so gelingts!

Zusammenleben, Wohnen, Geld
und Recht in der neuen Lebensphase

■ ■ ■ EIN RATGEBER AUS DER BEOBACHTER-PRAXIS ■ ■ ■

Dank

Der Autor dankt Karin von Flüe (Teamleiterin Fachbereich Familie im Beobachter-Beratungszentrum), die das Kapitel «Erbrecht: gut zu wissen» verfasste.

Download-Angebot zu diesem Buch

Das Erhebungsblatt zur Budgetplanung steht als Vorlage im Anhang und online zum Herunterladen bereit unter: www.beobachter.ch/download (Code 0390).

Beobachter-Edition
5., aktualisierte Auflage, 2017
© 2008 Axel Springer Schweiz AG
Alle Rechte vorbehalten
www.beobachter.ch

Herausgeber: Der Schweizerische Beobachter, Zürich

Lektorat: Christine Klingler Lüthi, Wädenswil;
Andrea Linsmayer, Zürich
Umschlaggestaltung und Reihenkonzept: buchundgrafik.ch
Umschlagfoto: fotolia
Satz: Jacqueline Roth, Zürich
Druck: Grafisches Centrum Cuno GmbH & Co. KG, Calbe

ISBN 978-3-03875-039-0

Mit dem Beobachter online in Kontakt:

 www.facebook.com/beobachtermagazin

 www.twitter.com/BeobachterRat

MIX
Papier aus verantwortungsvollen Quellen
FSC
www.fsc.org
FSC® C043106

Inhalt

Vorwort

Pensioniert werden ist ähnlich aufregend wie heiraten. Von einem Tag auf den andern gilt es, einen neuen Lebensrhythmus zu erfinden. Nach Jahrzehnten, die von der Erwerbsarbeit, von Leistung und Erfolgsstreben geprägt waren, beginnt ein weitgehend frei zu gestaltender Lebensabschnitt: Sie haben viel Zeit für Ihre Lieblingsbeschäftigungen. Das soziale Beziehungsnetz des Arbeitsplatzes verschwindet, und Sie bewegen sich mehr im privaten Familien- oder Freundeskreis. Für die Partnerschaft ist die Pensionierung eine Herausforderung: Mehr Zweisamkeit kann die Beziehung beleben und vertiefen. Eigenständige Aktivitäten sind aber für ein neues Gleichgewicht ebenso wichtig.

In den vergangenen Jahren habe ich viele Seminare zur Vorbereitung auf die Pensionierung geleitet und mit unzähligen Pensionierten Gespräche geführt. Sie haben durch ihre Erfahrungen das vorliegende Buch mit Leben erfüllt. Sie berichten von mutigen Aufbrüchen, einer grossen Vielfalt an befriedigenden Tätigkeiten und stillen Glückserlebnissen. Und sie verdrängen nicht, dass die Pensionierung manchmal verunsichert und Konflikte verursacht.

Ich freue mich, wenn Ihnen die Lektüre von «Glücklich pensioniert» viele Fragen klärt, neue Impulse gibt, alte Träume weckt und Vorfreude auf die nächsten Jahre vermittelt.

Urs Haldimann
im März 2017

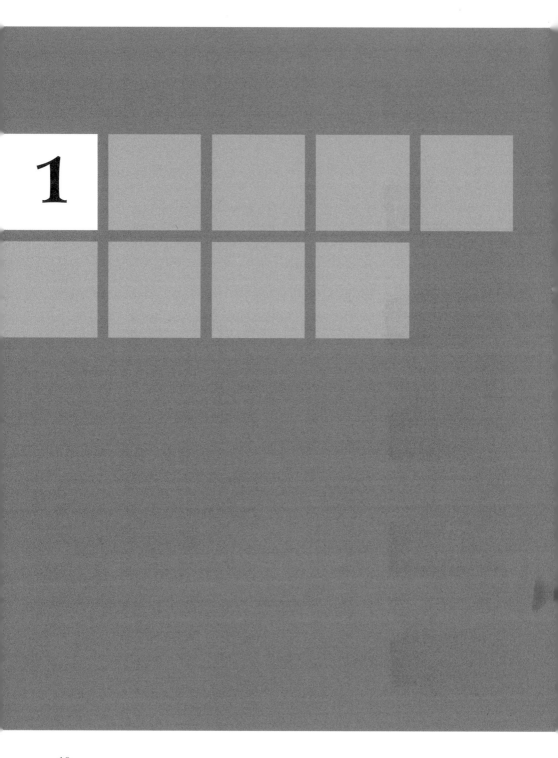

1

Vom Arbeitsleben in den (Un-)Ruhestand

Jahrzehntelang begann der Alltag mit dem Klingeln des Weckers.

Nun folgt auf die Pflicht die Kür: Mit einem reichen Erfahrungs-

schatz und viel freier Zeit können Sie Bewährtes pflegen und Neues

entdecken. Das erste Kapitel gibt Ihnen Anregungen für eine

Zwischenbilanz: Was habe ich erreicht, und was erwarte ich noch

vom Leben?

Freudiger Ausblick

Ein guter Abschluss der Berufstätigkeit ist für die Zufriedenheit im Rentenalter wichtig. Auch eine umfassende Vorbereitung auf die Pensionierung lohnt sich. Sie hilft Ihnen, die neu gewonnene Freizeit zu strukturieren und Ihre Ziele umzusetzen.

Die einen freuen sich darauf, ohne Zeitdruck beim Frühstück zu sitzen und gemütlich die Zeitung zu lesen. Sie geniessen es, den Tag nach Lust und Laune zu gestalten: im Garten arbeiten, einen Waldspaziergang oder einen Stadtbummel unternehmen, Angehörige besuchen oder – mitten am Nachmittag – einen spannenden Roman lesen.

Vielleicht gehören Sie aber auch zu jenen, die den Alltag im Rentenalter minutiös planen. Sie haben ehrgeizige Ziele, die Sie in den Berufsjahren zurückstellen mussten, und wollen diese nun mit Tatkraft umsetzen.

ROLAND P., 64-JÄHRIG, SPEDITIONSANGESTELLTER, will auch weiterhin zielstrebig anpacken: «Faulenzen konnte ich noch nie, und Bummelferien habe ich immer langweilig gefunden. Warum soll meine künftige Freizeit weniger wertvoll sein als die heutige Arbeitszeit? Ich werde auch nach der Pensionierung früh aufstehen und meine vielen Projekte gezielt angehen.»

Ob Sie zur Gemächlichkeit oder zur Aktivität neigen – wer seine Bedürfnisse kennt, die Kräfte richtig einschätzt und die neue Lebensphase gelassen und zuversichtlich gestaltet, wird rasch das angemessene Verhältnis zwischen anregender Herausforderung und erholsamer Musse finden.

In die Vorfreude mischen sich vielleicht gelegentlich auch Sorgen und Zweifel: Wie lange bleibt die körperliche und geistige Gesundheit erhalten? Sind die finanziellen Mittel langfristig gesichert und ist der erwünschte Lebensstil gewährleistet? Lassen sich die vielfältigen Pläne verwirklichen?

Endlich Zeit!

Frei verfügbare Zeit ist während des Berufslebens ein rares und deshalb kostbares Gut. Die meisten Pensionierten setzen den Gewinn von Freizeit daher zuoberst auf die Plus-Seite ihrer Pensionierungsbilanz. Sie beginnen den neuen Lebensabschnitt mit hohen Erwartungen.

Doch der abrupte Übergang in die grosse Freiheit gelingt nicht immer reibungslos. So zeigen verschiedene Studien einen ähnlichen Verlauf der Zufriedenheit nach der Pensionierung: Während einigen Monaten wirkt ein positiver «Ferieneffekt»; dann folgt ein leichter Einbruch, eine Phase der Ernüchterung. Nach ein bis zwei Jahren pendeln sich die Erwartungen und Möglichkeiten der neuen Lebensphase auf ein realistisches Mass ein.

HINWEIS *Wie ist das bei Ihnen? Hatten Sie neben dem Arbeitsleben genügend Freizeit für Hobbys und soziale Beziehungen? Brauchen Sie zuerst eine längere Erholungspause oder gehen Sie mit viel Schwung in die nachberufliche Lebensphase? Ein kritischer Blick auf die eigenen Erwartungen schützt vor Enttäuschungen.*

Anfänglich besteht häufig die Neigung zu kompensieren, was während der Berufstätigkeit zu kurz gekommen ist: Wer jeden Morgen an die Arbeit hetzen musste, geniesst das gemütliche Aufstehen und Frühstücken. Wer keine Zeit für seine Angehörigen hatte, möchte nun viel mit den Enkelkindern oder Freunden unternehmen. Und viele frisch Pensionierte gönnen sich eine mehrwöchige Reise.

ERNA P., EHEFRAU EINES FRISCH PENSIONIERTEN, berichtet: «Mein Mann hatte sich viel vorgenommen, vielleicht zu viel! Nach dem dritten Museumsausflug mit seinem 12-jährigen Enkel sagte ihm dieser: ‹Nimms mir nicht übel, Opa, aber ich möchte nun wieder einmal einen freien Nachmittag mit gleichaltrigen Freunden verbringen.› Auch im Haushalt gabs anfangs Missverständnisse und Konflikte. Mein Mann entdeckte eine bisher verborgene Leidenschaft für die Küche! Für Gäste stand er nun stundenlang am Herd, kochte ausgefallene Rezepte und heimste dickes Lob ein. Ich kam mir zunehmend vor wie das Dienstmädchen. Erst nach längeren ‹Revierkämpfen› haben wir die häuslichen Aufgaben gleichmässig aufgeteilt.»

Grosse Ferien – und Rückkehr zum Alltag

Spätestens nach einigen Monaten beginnt der Pensioniertenalltag. Nun gilt es, die Zeit so einzuteilen, dass eine lebendige Vielfalt und ein anregender Rhythmus entstehen. Alle Menschen haben – in unterschiedlicher Mischung – ähnliche Bedürfnisse, die sie auch nach der Pensionierung verwirklichen möchten:

- soziale Beziehungen mit unterschiedlicher Intensität und Bedeutung pflegen: Partner / Partnerin, Freunde, Kinder, Enkel, Eltern, Nachbarinnen, Freizeitkollegen
- Geselligkeit, Auseinandersetzung, gemeinsam etwas schaffen und ein Ziel erreichen
- Anerkennung und Wertschätzung erfahren
- körperliche Bewegung, Sport, Spiel, Tanz, wandern
- intellektuelle Herausforderungen, Weiterbildung, Schach, Rätsel
- schöpferische Tätigkeiten, werken, basteln, kochen, nähen, malen, schreiben
- Neues erleben, reisen, lesen, Kurse besuchen
- abwechselnde Phasen von Anstrengung und Erholung, Dynamik und Ruhe
- spirituelles Erleben, Sinnsuche, sich im Leben verankern

Während des Berufslebens verhindern oft äussere Anforderungen und Zwänge eine gute Balance. Aber auch im Rentenalter stellt sich die ideale Mischung nicht von selbst ein. Achten Sie deshalb schon bei der Planung des kommenden Lebensabschnitts auf einen abwechslungsreichen Rhythmus mit Neuem und Bewährtem, herausfordernden und erholsamen Aktivitäten. Sollten Sie einmal unzufrieden sein, kann Sie diese Liste der menschlichen Bedürfnisse wieder auf die richtige Spur führen.

CHANCE *Geniessen Sie die Vorfreude. Wählen Sie – möglichst schon vor der Pensionierung – ein Projekt aus, das Sie in den ersten Monaten verwirklichen wollen. Es soll Ihnen Freude bereiten und bisher wenig genutzte Möglichkeiten eröffnen.*

Neigungen und Talente entwickeln

Wofür hat Ihnen bisher die Zeit gefehlt? Welche Talente konnten Sie im Berufsleben nur unzulänglich oder gar nicht verwirklichen?

Wenigen Menschen ist es vergönnt, ein Leben lang den Traumberuf auszuüben. Häufiger besteht die Erwerbsarbeit aus einer Mischung von Routine und Herausforderung, anregenden und langweiligen Tätigkeiten, sichtbarem Erfolg und frustrierendem Leerlauf.

Rahmenbedingungen werden Arbeitnehmenden von aussen aufgezwungen; einzelne Rollen übernehmen sie manchmal widerwillig und spielen sie halbherzig. Die nahende Pensionierung ist ein geeigneter Zeitpunkt, um Bilanz zu ziehen. Fragen Sie sich:

- Welche Fähigkeiten und Neigungen konnte ich bisher nutzen und entwickeln?
- Welche blieben auf der Strecke?
- Welche Fähigkeiten möchte ich weiterhin einsetzen?
- Welche – vielleicht verborgenen – Neigungen will ich in Zukunft entfalten?
- Gibt es Themen, mit denen ich mich neu oder vertieft beschäftigen will?

TIPP *Idealerweise schreiben Sie Ihre Gedanken auf – zum Beispiel in ein Pensionierungstagebuch oder einen «Jahresplan».*

So gelingt der Aufbruch zu neuen Ufern

Ist es erfolgversprechend, nach der Pensionierung nochmals ein neues, umfangreiches Lebensprojekt anzupacken? Oder gilt mit zunehmendem Alter das Sprichwort: «Schuster, bleib bei deinem Leisten!»?

TIPP *Ergründen Sie zuerst ohne Einschränkungen, welche Bedürfnisse bei Ihnen überwiegen (oder noch im Verborgenen lauern). Gestatten Sie sich Träume und Visionen: Wie würden Sie Ihre Zukunft gestalten, wenn Sie unbegrenzt Geld hätten oder frei von familiären Verpflichtungen wären? Erstellen Sie eine möglichst vielfältige Liste von grossen und kleinen künftigen Projekten. Überprüfen Sie erst in einem zweiten Schritt, ob Sie genügend Kraft, Ausdauer und finanzielle Mittel haben, um einzelne Vorhaben zu*

realisieren. Setzen Sie Prioritäten und gliedern Sie grössere Vorhaben
in überschaubare Entwicklungsschritte.

Die Altersforschung gibt einige Hinweise, unter welchen Bedingungen im
Rentenalter noch etwas völlig Neues gelingen kann:

- Sie haben im Berufsleben immer wieder neue Herausforderungen an-
  genommen und bewältigt.
- Sie haben ein hohes Bewusstsein der Selbstwirksamkeit erworben und
  wissen aufgrund von Erfahrungen, dass Sie Ziele aus eigener Initiative
  erreichen können.
- Sie sind überzeugt, dass sich durch aktives Handeln der Lauf der Dinge
  beeinflussen lässt.

Risikoscheue Menschen bleiben auch im Alter vorsichtig und zurückhal-
tend. Und wenn grosse Vorhaben jahrelang immer wieder verschoben
wurden, stehen die Aussichten schlecht, dass sie nach der Pensionierung
verwirklicht werden.

TIPP *Hartnäckigkeit gewinnt: Lassen Sie sich nicht entmutigen!*
Wenn Ihnen ein Projekt am Herzen liegt, verfolgen Sie es
gegen alle Widrigkeiten. Legen Sie Etappenziele fest. Welches ist der
erste Schritt? Egal wie klein er ist – tun Sie ihn noch heute!

Bedenken Sie: Niemand hat die Chance, im Alter ein ganz anderer zu
werden. Wenn äussere Zwänge wegfallen, kann es aber gelingen, näher
zu seiner wahren Natur zu gelangen, mehr das zu tun, was einem liegt und
Freude macht.

TIPP *Je älter Paare werden, umso häufiger reden sie in der*
Wir-Form. Der Aktionsradius wird mit den Jahren kleiner,
die Begegnungen reduzieren sich. Achten Sie darauf, dass Sie nach
dem Wegfall beruflicher Beziehungen möglichst vielfältige soziale
Kontakte unterhalten und dies nicht nur als Paar, sondern auch als
Einzelperson. Partner, die eigenständig etwas erleben, haben sich
Spannendes zu erzählen!

Träume realisieren

Die Medien berichten gerne von unternehmungslustigen Pensionierten, die zu neuen Ufern aufbrechen. Mit 60 oder 65 nochmals ein völlig neues Kapitel der eigenen Biografie schreiben, das ist ein Gedanke, der viele Menschen fasziniert:

■ Im Film «Die Herbstzeitlosen» lassen vier ältere Frauen einen Jugendtraum aufleben. Statt auf den Tod zu warten, eröffnet eine Rentnerin im Dorf eine Lingerie-Boutique, bringt neuen Schwung in ihr Leben und einen Farbtupfer ins Emmental.

■ Andrea B., 55, kaufmännische Angestellte, hat ihr Elternhaus geerbt. Sie kündigt ihre Stelle, lässt sich einen Teil des Pensionskassenguthabens auszahlen und verwandelt das grosse Einfamilienhaus in eine schmucke Pension. Als alleinstehende, sprachgewandte Frau schätzt sie die Begegnungen mit Gästen aus aller Welt. Sie hat eine zuverlässige Mitarbeiterin und kann in ruhigen Zeiten auch einmal selbst auf Reisen gehen.

■ Peter G. interessierte sich schon als junger Mann für Archäologie. Ein Studium lag für den Sohn einer Arbeiterfamilie jedoch nicht drin. Vierzig Jahre lang arbeitete er als Handwerker auf dem Friedhof. Dort sammelte er einen Teil des «Abfalls», den er entsorgen sollte: Urnen für Arme und Reiche, Urnen aus den Philippinen, Peru und dem Urnerland, Grabschmuck aus allen Epochen, Särge, später auch alte Pferdeleichenwagen und -schlitten. Bei der Einäscherung tauchte immer mehr «Alteisen» auf, etwa die ersten künstlichen Hüftgelenke. Peter G. sammelte auch diese. Erst rückblickend wurde der kulturgeschichtliche Wert all dieser stummen Zeitzeugen erkennbar. Allmählich interessierte sich das Volkskundemuseum für die Schätze und delegierte eine wissenschaftliche Mitarbeiterin. Seit Peter G. pensioniert ist, arbeitet er leidenschaftlich in «seinem» Museum. Aus aller Welt kommen nun Fachleute, um die Sammlung anzusehen.

■ Der Chemiker Karl S. hat als Kind schon Bratsche gespielt, gemalt und gezeichnet. Nach einem Berufsleben, in dem alles Musische auf Sparflamme gesetzt war, hat er sich nun als Student der Kunstgeschichte an der Uni eingeschrieben. Zu seinem grossen Erstaunen ist er keineswegs der einzige ältere Student. Im Vorlesungssaal trifft sich jeweils ein ganzes Grüppchen ergrauter Geister.

Vielleicht sind Sie mit Ihrem bisherigen Leben so zufrieden, dass Sie grosse Sprünge im Alter gar nicht anstreben. Oder aber die Gesundheit oder die Finanzen setzen Ihnen Grenzen. Trotzdem lohnt es sich, anlässlich der Pensionierung zu träumen: Träume sagen Ihnen nämlich, wohin es Sie zieht. Welche tiefen Bedürfnisse konnten Sie in Ihrem Leben noch nicht ausreichend befriedigen? Haben Sie die Bedürfnisse erst einmal hervorgelockt, werden Sie bald erkennen, dass sich auch im Kleinen manches davon umsetzen lässt.

URSULA G. SCHILDERT IHRE ERFAHRUNGEN SO: «Den grossen Roman, von dem ich ein Leben lang geträumt habe, werde ich nie schreiben. Ich habe so viele packende Bücher gelesen, nun weiss ich endgültig: Dafür fehlt mir das Talent. Freude am Schreiben habe ich trotzdem. Also schreibe ich kleine Episoden aus meinem Leben auf, vor allem aus meiner Kindheit und Jugend, und lese sie meinen Enkeln vor. Ich schreibe auch viele Briefe. Eine Freundin sagte mir kürzlich: ‹Wer setzt sich im Zeitalter von Mobiltelefon und E-Mail noch eine Stunde an den Schreibtisch, konzentriert sich auf seine Gedanken, formuliert seine Sätze sorgfältig und elegant? Deine Briefe sind für mich ein ganz seltenes Geschenk.›»

GEORGES K. HAT EBENFALLS EINEN WEG GEFUNDEN: «In jungen Jahren habe ich oft mit einem beruflichen Einsatz in Afrika geliebäugelt. Einmal hatte ich schon einen Vertrag für ein Projekt in der Entwicklungszusammenarbeit auf dem Tisch; dann durchkreuzte eine Krankheit den Plan. Seit der Pensionierung engagiere ich mich in einem Integrationsprojekt. Ich begleite Migranten bei Behördengängen und Vorstellungsgesprächen. Daraus ergeben sich manchmal freundschaftliche oder familiäre Beziehungen. Indem ich Menschen aus Afrika kennenlerne, wird mir ihre Kultur vertrauter. Kürzlich war ich mit meiner Frau zu einer Hochzeit eingeladen – all diese farbigen Gewänder und das exotische Essen, wir fühlten uns wie in Afrika.»

Unerreichbares loslassen
Wunderbar, wenn Sie den einen oder andern Traum aufleben lassen oder gar verwirklichen können – eins zu eins oder im Kleinen. Daneben gibt es möglicherweise auch Wünsche, die Sie definitiv verabschieden müssen.

Vielleicht gestehen Sie sich irgendwann ein: Das war ein schöner Traum; umsetzen werde ich ihn nie. Früher fehlte dazu die Zeit oder das Geld, heute die Energie oder der Mut. Vielleicht war es ein Jugendtraum, der schon im realen Erwachsenenleben keinen richtigen Platz fand, als Zukunftsvision aber überleben konnte.

Im Zeitpunkt der Pensionierung wird die Zukunft übersichtlicher. «Wer jetzt kein Haus hat, baut sich keines mehr», formulierte Rilke in seinem Herbstgedicht. Die Endlichkeit des Lebens ist unverkennbar. Wägen Sie Wünsche und Wirklichkeit ehrlich ab. Überlegen Sie, wo Sie nochmals einen Effort machen wollen und wo Sie Abschied nehmen.

KERSTIN B. ERZÄHLT: «So gern hätte ich nach der Lehre wie meine Freundinnen ein Welschlandjahr gemacht. Doch ich musste Geld verdienen – und dann hatte ich Kinder und Familie. Nach der Pensionierung raffte ich mich auf und meldete mich für einen Sprachaufenthalt in Montpellier an. Ich war mit lauter 20-Jährigen zusammen, hatte Mühe mit dem Lerntempo, fühlte mich deplatziert und bekam schreckliches Heimweh. Nach zwei Wochen kehrte ich zurück – enttäuscht, aber auch erleichtert.»

CHANCE *Der Abschied von Träumen ist zwar verbunden mit schmerzhafter Trauerarbeit. Dennoch lohnt es sich, Träumen aus den Jugendjahren nicht lebenslänglich nachzuhängen, sondern sie zur rechten Zeit schicklich zu begraben. Das schafft freien Raum im Herzen. Nach einem bewussten Abschied sind Sie offener für neue, chancenreiche Vorhaben.*

Abschied und Neubeginn

**Berufstätig sein bedeutet weit mehr als die tägliche Arbeit.
Das Biotop «Arbeitsplatz» befriedigt auch soziale Bedürfnisse
und gibt dem Leben Rhythmus und Sinn.**

Viele Menschen sind während vier bis fünf Jahrzehnten ihres Lebens erwerbstätig. Kein Wunder, dass der Beruf die persönliche Identität stark prägt. Das trifft vor allem auf Männer zu. Wenn sie nach einer jahrzehntelangen Berufslaufbahn in einem Fulltime-Job von einem Tag auf den andern in den Ruhestand treten, ist der Wandel radikal. Frauen hingegen haben häufiger eine Biografie mit Veränderungen erlebt. Nach Schule und Berufsausbildung haben sie Kinder grossgezogen, sind später – oft mit einem Teilzeitpensum – wieder ins Erwerbsleben eingestiegen und haben Berufs- und Hausarbeit kombiniert. Vielfach übten sie daneben auch gemeinnützige Tätigkeiten aus. Die Erfahrung, das Leben mehrfach neu organisiert zu haben, erweist sich bei der Pensionierung als wertvolle Ressource.

Was zurückbleibt

Was geben Sie auf, wenn Sie am letzten Arbeitstag Ihre persönlichen Sachen aus der Schublade räumen, den Kolleginnen und Kollegen die Hand schütteln und den Betrieb verlassen? Was lassen Sie endgültig hinter sich zurück? Was wird Ihnen fehlen? Und was wird langfristig Bestand haben? Überlegen Sie, was der Arbeitsplatz Ihnen persönlich – über den Lohn hinaus – bedeutet.

Lebendiges Beziehungsnetz

Jeder Arbeitsplatz bietet vielfältige Beziehungen: zu Kolleginnen, Vorgesetzten, Untergebenen, Kundinnen und Lieferanten. Berufstätige haben täglich die Gelegenheit, allerlei Facetten ihrer Persönlichkeit auszuleben und in einem vielschichtigen Umfeld zu kommunizieren.

Erwerbstätigkeit strukturiert zudem die Zeit. Phasen des stillen, konzentrierten Arbeitens wechseln sich ab mit Sitzungen oder Gesprächen zu zweit. Auf die Anstrengung folgt eine erholsame Pause. Der Arbeitstag geht zu Ende – Feierabend! Dieser Rhythmus erhält lebendig, wenn Belastungen und Regeneration ausgewogen sind.

CHANCE *Werden Sie zum Rosinenpicker, zur Rosinenpickerin. Welche Herausforderungen, Tätigkeiten und Begegnungen waren Ihnen am Arbeitsplatz wichtig? Was hat Ihnen Spass gemacht? Retten Sie etwas davon – vielleicht in abgewandelter Form – ins Rentenalter hinüber. Und freuen Sie sich über das Unerfreuliche, das Sie am Arbeitsplatz zurücklassen können.*

Anerkennung und Wertschätzung

Arbeitspsychologen wissen schon längst, dass alle Menschen auf persönliche Wertschätzung ebenso angewiesen sind wie auf Essen und Trinken. Das Berufsleben bietet unzählige Gelegenheiten, mit sichtbarem Erfolg etwas zu leisten. Noch Jahre nach der Pensionierung verweisen viele Menschen auf die frühere Berufslaufbahn. In jahrelanger Arbeit hatten sie sich eine Stellung erworben, die sie mit Stolz erfüllte – nun zehren sie noch lange von der gesellschaftlichen Anerkennung.

ROLAND S., PENSIONIERTES MITGLIED DER DIREKTION, erzählt, wie er den Verlust von Macht und Status bewältigte: «Ich hatte eine angesehene Stellung, traf wichtige Entscheidungen und hatte als Vorgesetzter viel Einfluss. Damit das nicht von einem Tag auf den andern wegfällt, habe ich eine ‹sanfte Landung› vorbereitet: Während der nächsten vier bis fünf Jahre werde ich als Präsident einer finanzkräftigen kulturellen Stiftung etwa einen Tag pro Woche ehrenamtlich arbeiten.»

Auf den Wechsel vorbereitet

Eine amerikanische Studie zeigt, dass Pensioniertwerden ein etwa gleich einschneidendes Lebensereignis ist wie Heiraten. Mit einer rechtzeitigen, sorgfältigen Vorbereitung federn Sie den Übergang ab.

Die Berufswahl zu Beginn des Erwachsenenlebens beschäftigt junge Menschen während Monaten intensiv – und dann folgt in der Regel eine mehr-

jährige Ausbildung. Am Ende des Berufslebens soll ein ein- bis zwei-
tägiger Kurs für den radikalen Wechsel von der Erwerbstätigkeit in den
Ruhestand genügen?

In einer schweizerischen Umfrage äusserte jede vierte Person kurz vor
der Pensionierung ein mulmiges Gefühl. So unterschiedlich die Befürch-
tungen von Mensch zu Mensch auch sein mögen – Fachleute fordern, dass
die Vorbereitung auf die Pensionierung fünf bis zehn Jahre vor Arbeits-
schluss beginnen müsse, in erster Linie mit der altersgemässen Gestaltung
der letzten Laufbahnphase. Diese sollte einerseits interessante Aufgaben,
neue Herausforderungen und entsprechende Weiterbildung umfassen.
Andererseits ist in den letzten Jahren des Berufslebens ein Abbau von
Hektik, Lärm, Zeitdruck und körperlicher Beanspruchung sinnvoll. In der
Work-Life-Balance sollten die privaten Aktivitäten einen ebenso hohen
Stellenwert erhalten wie die beruflichen. Wer die letzten Jahre der Erwerbsarbeit befriedigend gestalten kann, hat auch für das Rentenalter
gute Aussichten.

ZEHN FRAGEN VOR DER PENSIONIERUNG

Reservieren Sie sich ein wenig Zeit und gehen Sie die folgenden Punkte durch.
Schreiben Sie die Antworten auf, besprechen Sie diese mit Ihrer Partnerin, Ihrem
Partner oder mit einer andern vertrauten Person.

- Was gewinne ich durch die Pensionierung?
- Was verliere ich durch die Aufgabe der Berufstätigkeit?
- Welche neuen oder erweiterten Aktivitäten plane ich?
- Was wird sich an meinen Beziehungen verändern?
- Wie verändern sich meine Finanzen?
- Wie stelle ich mir einen normalen Alltag vor?
- Wer macht heute und in Zukunft welche Arbeiten im Haushalt?
- Was gedenke ich zu unternehmen, um gesund und fit zu bleiben?
- Steht über kurz oder lang eine Veränderung der Wohnsituation an?
- Was wird meinem Leben in Zukunft einen tieferen Sinn geben?

Die einzelnen Kapitel in diesem Buch gehen detailliert auf diese Fragen ein.
Überdenken Sie Ihre Antworten nach der Lektüre nochmals.

Leider verläuft die Pensionierung aber nicht immer planmässig: Firmenschliessungen oder Personalabbau drängen ältere Mitarbeitende in die Arbeitslosigkeit oder eine mehr oder weniger erzwungene Frühpensionierung. Die Zeit für eine sorgfältige Vorbereitung der nachberuflichen Lebensphase fehlt dann; der Abgang ist oft verbunden mit persönlichen Kränkungen und finanziellen Unsicherheiten.

❗ HINWEIS *Das Beobachter-Beratungszentrum unterstützt Sie bei arbeitsrechtlichen Problemen rasch und unkompliziert (www.beobachter.ch/beratung).*

❗ CHANCE *Pensionierung ist kein Naturereignis. Auch wenn Sie den Zeitpunkt des Ausscheidens aus dem Berufsleben nicht selber definieren können – nehmen Sie das Heft in die Hand! Setzen Sie sich aktiv mit unabwendbaren Veränderungen auseinander. So haben Sie die besten Voraussetzungen, um die neue Lebensphase nach Ihrem Gusto zu gestalten.*

Was bieten Vorbereitungskurse?

Skeptiker fragen sich beim Empfangskaffee im Seminarhotel, ob sie wirklich mit über 60 Jahren einen Kurs besuchen müssen, um zu erfahren, wie sie ihr künftiges Leben gestalten sollen. Doch in den Vorbereitungskursen geht es vielmehr darum, Impulse für neue Aktivitäten zu vermitteln und die Teilnehmenden auf Fragen hinzuweisen, die sich nach der Pensionierung unweigerlich stellen.

In der Schweiz bereiten sich nur etwa drei Prozent der angehenden Pensionierten – idealerweise mit Lebenspartnerin oder Lebenspartner – in einem Kurs auf die nachberufliche Zukunft vor. Grosse Unternehmen und Verwaltungen gönnen ihren Mitarbeitenden in der Regel zwei bis drei Tage Distanz vom Arbeitsplatz, um sich in einem Seminarhotel auf den Ruhestand einzustimmen. Auf besonderes Interesse stossen an diesen Anlässen Informationen zur Finanzplanung sowie medizinische Hinweise über Alterungsprozesse, Fitness und Ernährung. Ebenso wichtig wie das Vermitteln von Fakten ist eine vertrauensvolle Atmosphäre, in der die Teilnehmenden auch über ihre Zweifel, Hoffnungen und Ängste sprechen können. In den Seminaren gibt es deshalb einen bunten Wechsel von Vorträgen, Gruppengesprächen, Filmsequenzen und kreativen Einzelarbeiten.

TIPP *Für Alleinstehende stellen sich anlässlich der Pensionierung teilweise andere Fragen als für Paare. Die Fachstelle Alter und Arbeit von Pro Senectute, AvantAge, bietet deshalb auch spezielle Vorbereitungskurse für Singles an (www.avantage.ch).*

FÜR TAMARA Z. war der Kurs eine positive Erfahrung: «Ich habe gestaunt, wie ich mit vorerst fremden Menschen offen über sehr persönliche Themen reden konnte. Noch mehr gestaunt habe ich über meinen Mann, der sonst kaum über seine Gefühle spricht.»
ERWIN F. war vor dem «Kürsli», wie er es nennt, skeptisch. Er ist Lehrer und hatte konkrete Vorstellungen davon, was er nach der Pensionierung tun wollte. Den Vorbereitungskurs machte er – schliesslich auf Drängen seiner Frau – gemeinsam mit ihr. Rückblickend stellt er fest: «Der Kurs hat uns doch ein paar Impulse gegeben. Wir haben uns erstmals gemeinsam unseren Rentner-Alltag ausgemalt und festgestellt, dass wir zum Teil ganz unterschiedliche Vorstellungen haben. Wir müssen herausfinden, was wir gemeinsam tun wollen. Es ist gut, dass wir noch ein halbes Jahr Zeit haben, um uns auf die neue Lebensphase vorzubereiten.»

Für die Vorbereitung auf die Pensionierung erhalten Sie Impulse aus vielen Quellen: Sie können ein Seminar besuchen, ein Ratgeber-Buch studieren, im stillen Kämmerlein über Ihre Lebensträume und Ideale philosophieren, mit Finanzfachleuten und erfahrenen Pensionierten reden. Aus vielen Puzzleteilen entsteht so ein zunehmend farbiges Bild Ihres künftigen Lebens.

Die Situation nicht erwerbstätiger Partnerinnen

Die meisten Schweizerinnen sind heute erwerbstätig. Frauen arbeiten vielfach mit einem Teilzeitpensum, und sie lassen sich häufiger vorzeitig pensionieren. Neben diesen Erwerbstätigen tritt eine grosse Minderheit der verheirateten Schweizerinnen als Hausfrau ins Rentenalter über. Mit 64 Jahren erhalten sie zwar ebenfalls eine AHV-Rente. Sonst aber, so meinen viele, gehe alles weiter wie bisher. Welch ein Irrtum! Die Pensionierung des Ehemannes verändert zwangsläufig auch das Leben der nicht berufstätigen Ehefrau:

- Der Ehemann verbringt jetzt viel Zeit zu Hause und beabsichtigt, einen Teil der neuen Freizeit mit seiner Frau zu gestalten.
- Eine neue Aufteilung der Haushaltarbeit steht zur Diskussion.
- Der Mann möchte seine sozialen Beziehungen aktivieren, Freunde einladen und viel mit den Enkelkindern unternehmen. Das betrifft auch seine Frau.
- Nicht zuletzt sinkt nach der Pensionierung in vielen Haushalten das Einkommen und damit wahrscheinlich das Haushalts- und Feriengeld.
- Auch das persönliche Umfeld reagiert auf die Pensionierung. Möglicherweise weckt sie bei erwachsenen Kindern, die in der Familienphase stecken, oder bei betagten Eltern neue Erwartungen und Ansprüche.

ROSMARIE S. ERZÄHLT EINE TYPISCHE GESCHICHTE:
«Als sogenannte Nur-Hausfrau habe ich meinen Haushalt perfekt organisiert. Ich koche gern und gut, und ein wohnliches Haus und ein blühender Garten sind mein ganzer Stolz. Meinem Mann wurde es nach der Pensionierung bald langweilig, und er fing an, mir zu ‹helfen›. Als er dann noch tolle Ideen brachte, wie man alles besser organisieren könnte, gab es Krach. Nach einer intensiven Auseinandersetzung hat er schliesslich die Verantwortung für einzelne Aufgaben im Haushalt übernommen und respektiert nun die Grenzen zu meinem gewohnten Reich besser.»

CHANCE *In jeder Partnerschaft spielt sich im Laufe der Jahre eine mehr oder weniger geschlechtstypische Aufteilung der Tätigkeiten ein. Die Pensionierung des Partners oder der Partnerin ist eine ideale Gelegenheit, die Rollen neu zu verteilen. Welche Aufgaben möchten Sie in Zukunft abtreten, welche neu übernehmen? Verhandeln Sie fair und respektieren Sie die lieben Gewohnheiten Ihres Partners oder Ihrer Partnerin.*

Gehen berufstätige Ehefrauen nicht gleichzeitig mit ihrem Mann in Pension, stellt dies eine besondere Herausforderung für den Haushalt und die Beziehung dar. Mehr Informationen dazu finden Sie im Kapitel «Soziale Kontakte im Mittelpunkt» (Seite 115). Im Kapitel «Den Alltag neu organisieren» (Seite 125) finden Sie überdies viele Anregungen für das gemeinsame Haushalten im Rentenalter.

Das gute Ende

In den Wochen vor dem letzten Arbeitstag mehren sich die Zeichen des nahenden Abschieds. Vielleicht taucht eine Nachfolgerin auf, Projekte werden übergeben, Dokumentationen auf den aktuellen Stand gebracht. Wie bei einer ordentlichen Kündigung ist es sinnvoll, einen aufgeräumten Arbeitsplatz zu hinterlassen. Dazu gehört auch, so weit wie möglich alte Konflikte aufzulösen und abzuschliessen, am besten in persönlichen Gesprächen. Ergebnisse der Zufriedenheitsforschung zeigen nämlich: Wer mit seinem Berufsleben zufrieden war, startet gut ins Rentenalter. Wer hingegen viel Ärger, Frustration und unerledigte persönliche Konflikte hinausträgt, wird noch lange daran herumnagen.

HILDEGARD B. HATTE ZU EINER MITARBEITERIN eine gespannte Beziehung. Diese hatte ihr mit dem Hinweis auf die baldige Pensionierung zunehmend Informationen vorenthalten und sie im Team mit abschätzigen Bemerkungen gekränkt. In einem Gespräch zeigte sich rasch, dass die Mitarbeiterin am Arbeitsplatz selber frustriert war und neidisch auf die bevorstehende Pensionierung von Hildegard reagierte. Diese ist erleichtert: «Ich wusste nun, dass das Problem nicht bei mir selber lag, und konnte es abhaken.»

Nicht immer ist ein klärendes Gespräch möglich und sinnvoll. Zeigt sich in einem Konflikt die Gegenseite abweisend oder resistent gegen Kritik, können Sie dennoch etwas für Ihre Psychohygiene tun: Schreiben Sie sich Ihren Ärger in einem Brief vom Leib und übergeben Sie das Schreiben feierlich dem Feuer.

Bewährte Rituale

Der letzte Arbeitstag weckt bei jedem Menschen Gefühle – vielleicht sogar ein Mischmasch widersprüchlicher Emotionen: Vorfreude auf die Freiheit, Wehmut des Abschieds von lieben Kolleginnen und Kollegen, Bitterkeit über fehlende Wertschätzung, Neid auf die Nachrückenden, Erleichterung, Dankbarkeit.

Eine Abschiedsfeier im geeigneten Rahmen – Abendessen in einem Restaurant oder in der Betriebskantine, Apéro am Feierabend, letztes Znüni im Arbeitsteam – schafft Raum für einige dieser Gefühle. In kurzen Ansprachen können Vorgesetzte – vielleicht zum ersten, sicher aber zum letzten Mal – öffentlich sagen, was sie an der austretenden Person geschätzt haben und vermissen werden. Solche Anlässe sind eine einmalige Gelegenheit, auch Vorgesetzten und Arbeitskolleginnen, die einen genervt haben, die Hand zu reichen und sich in einer versöhnlichen Stimmung der nächsten Lebensphase zuzuwenden.

Unternehmen mit einem guten Betriebsklima achten darauf, dass alle Personalwechsel und besonders die Verabschiedung ins Rentenalter sorgfältig geplant und würdig umgesetzt werden. Rituale bieten für solche Lebensübergänge einen passenden Rahmen. Sie decken immer Bedürfnisse von Gehenden, Bleibenden und Kommenden ab.

HUGO P. HATTE IN DEN LETZTEN MONATEN noch unerfreuliche Auseinandersetzungen mit den Vorgesetzten und wollte keine offizielle Abschiedsfeier: «Zum Mittagessen lud ich drei gute Arbeitskollegen ein. Das wars dann – meinte ich. Am Nachmittag hatte ich ein ausführliches Gespräch mit dem Chef, und als wir danach ins Sekretariat kamen, waren mindestens zwanzig Leute versammelt, mit denen ich jahrelang gearbeitet hatte. Es gab Wein und Häppchen, einer erzählte witzige Anekdoten aus meiner Anfangszeit, der Chef hielt eine Rede. Plötzlich stand meine Frau im Raum und die Kollegen übergaben mich ihr feierlich. Als ich mit ihr – und vielen Geschenken – im Taxi heimfuhr, war ich dann doch richtig gerührt.»

Die neue Lebensphase feiern

Ebenso wichtig wie die Abschiedsfeier im Betrieb kann ein privates Pensionierungsfest sein, das dem persönlichen Umfeld signalisiert: Nun beginnt ein neuer Lebensabschnitt. Durch die Pensionierung ändert sich zudem jede Partnerschaft. Wärs da nicht schön, den dritten Frühling nochmals mit Flitterwochen zu beginnen?

SALOME G. BEGAB SICH kurz nach der Pensionierung ihres Mannes mit ihm auf eine mehrwöchige Wanderschaft durch Frankreich: «Schritt für Schritt liess Roger seine verantwortungsvolle Arbeit und die damit verbundene Anspannung hinter sich. Gemeinsam begannen wir den neuen Lebensabschnitt. Wir haben gestaunt, wie wir uns selber – nach über dreissig Ehejahren – nochmals entdecken konnten.»

2

Der Zeitpunkt
der Pensionierung

Das gesetzlich festgelegte AHV-Alter 64/65 berücksichtigt indi-

viduell unterschiedliche Bedürfnisse zu wenig. Viele Erwerbstätige

lassen sich frühpensionieren, während Politiker und Arbeitgeber-

verbände ein höheres Rentenalter fordern. In diesem Kapitel erhal-

ten Sie Hintergrundinformationen und Entscheidungshilfen zu

Frühpensionierung, Erwerbsarbeit im Rentenalter und flexiblen

Übergängen.

Flexibles Rentenalter – Traum oder Notwendigkeit?

Die einen zählen lange im Voraus die Tage bis zur Pensionierung. Andere sind trotz weisser Haare körperlich fit, fachlich kompetent und unternehmungslustig. Vor dem Gesetz sind sie – abgesehen vom kleinen Geschlechtsunterschied – alle gleich: Frauen erreichen mit 64 Jahren das AHV-Alter, Männer mit 65. Das magische Alter 65 gilt seit der Gründung der AHV im Jahr 1948.

Während die meisten Menschen den Begriff «flexibel» mit Frühpensionierung verknüpfen, denken Wirtschaftsführer und Kassenwarte der Sozialwerke in die andere Richtung: zum Beispiel mit einem 80-Prozent-Pensum bis Alter 67 arbeiten und dann das Arbeitsleben mit einem halben Pensum drei Jahre ausklingen lassen.

DER RENOMMIERTE SOZIOLOGE UND ALTERSFORSCHER FRANÇOIS HÖPFLINGER STELLT FEST: «Menschen werden im Alter nicht gleicher. Im Gegenteil, die Unterschiede vergrössern sich: Die Schere der Vermögen und Einkommen geht im Alter auseinander. Die einen sind mit 65 noch sportlich und voll leistungsfähig, während andere körperlich und psychisch ausgebrannt sind. Gross sind auch die Bildungsunterschiede, die Fähigkeiten und die Bereitschaft, Neues zu lernen. Dies alles spricht dafür, dass der Übergang vom Berufsleben in die nachberufliche Lebensphase individuell gestaltet werden kann.»

Die demografische Entwicklung

Wenn in den Medien von der zunehmenden Alterslast die Rede ist und auf drohende Finanzierungsengpässe bei den Sozialversicherungssäulen AHV und Pensionskassen hingewiesen wird, sind nicht Sie persönlich gemeint! Die drohende demografische «Zeitbombe», das sind die heute 50- bis 60-Jährigen.

WOHNBEVÖLKERUNG DER SCHWEIZ ENDE 2015

Verteilung nach Alter und Herkunft

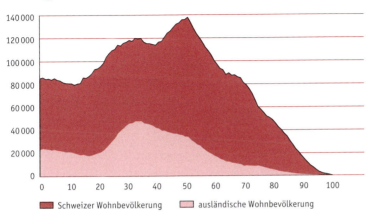

■ Schweizer Wohnbevölkerung   □ ausländische Wohnbevölkerung

Lesebeispiel: Bei den 30-Jährigen in der Schweiz waren 44 035 Personen Ausländer und 72 067 Schweizer.

Ein Blick auf die Grafik zeigt: Die grösste «Alterslast» sind die Menschen mit dem Jahrgang 1964. Sie werden – falls sich am Rentenalter nichts ändert – im Jahr 2029 zu einem grossen Heer von Pensionierten stossen, das sich von einer massiv geschrumpften Anzahl von Erwerbstätigen ernähren und pflegen lässt. In den nächsten zwei Jahrzehnten kommen die Babyboomer, die geburtenstarken Jahrgänge zwischen Nachkriegsaufschwung und Pillenknick, ins Rentenalter. Gleichzeitig wird der Zustrom junger Schweizerinnen und Schweizer auf den Arbeitsmarkt in den kommenden Jahren stetig zurückgehen, weil geburtenschwache Jahrgänge nachrücken.

CHANCE *Roter Teppich für ältere Arbeitskräfte: Die Arbeitgeberorganisationen rechnen für die kommenden Jahrzehnte mit einem Mangel an qualifiziertem Personal. Sie empfehlen den Unternehmen, die besonderen Qualitäten von älteren Mitarbeitenden zu erkennen und attraktive Teilzeit-Arbeitsplätze für Fachleute im Rentenalter zu schaffen. Dies bietet Ihnen neue Chancen, Ihre beruflichen Lieblingstätigkeiten über das Rentenalter hinaus auszuüben oder sogar eine zweite oder dritte Karriere ins Auge zu fassen – sofern Sie dies möchten.*

Die Bevölkerungsentwicklung und die daraus resultierenden Herausforderungen für den Arbeitsmarkt und die Finanzierung der Sozialversicherungen lassen sich nicht wegdiskutieren. Natürlich gibt es verschiedene Lösungsansätze, die aber alle umstritten sind: Die Schweiz könnte wie in der Vergangenheit junge, produktive Menschen aus dem Ausland holen. Dem hat eine knappe Mehrheit des Schweizervolks mit der Annahme der Initiative «gegen Masseneinwanderung» einen Riegel geschoben. Das Arbeitskräftereservoir in Europa ist zudem auf längere Sicht beschränkt. Alle hochentwickelten Länder haben ähnliche demografische Probleme. Und die Einwanderung von Arbeitskräften aus Indien oder China stösst auf noch grössere politische Widerstände.

Das zweite bewährte Arbeitskräftereservoir, die Frauen, ist bereits in hohem Masse erwerbstätig – also scheint einzig die Heraufsetzung des Rentenalters ein gangbarer Weg zu sein.

Rentenalter erhöhen?

Die Befürworter einer Erhöhung des Rentenalters argumentieren mit einigen überzeugenden Fakten:

- Seit der Festlegung des ordentlichen Rentenalters auf 65 Jahre im Jahr 1948 ist die Lebenserwartung der frisch pensionierten Männer um fünf Jahre und die der Frauen um acht Jahre gestiegen.
- Weil die Menschen immer länger in die Schule gehen und studieren, treten sie später ins Erwerbsleben ein. Sie könnten dafür länger arbeiten.
- Das Verhältnis von Rentenjahren zu Erwerbsjahren hat sich massiv verschoben.
- Die zunehmende Belastung der Altersvorsorge (AHV und Pensionskassen) könnte mit einer Verlängerung der obligatorischen Erwerbsarbeitszeit gebremst werden.
- Die Menschen werden nicht nur älter, sie bleiben dabei auch jünger! Die heutige Generation der 65-Jährigen ist fitter, gebildeter und leistungsfähiger als frühere Generationen.

TIPP *Rufen Sie sich kurz in Erinnerung, wie Ihre Eltern oder Grosseltern als 65-Jährige gelebt und auf Sie gewirkt haben. Wenn Sie sich vergleichen: Was ist bei Ihnen anders?*

Gewichtig sind aber auch die Einwände gegen eine allgemeine Erhöhung des Rentenalters:

■ Arbeitsproduktivität und -intensität haben in den letzten Jahren massiv zugenommen. Viele Menschen sind gegen Ende ihres Erwerbslebens ausgepowert.

■ Unabhängig vom offiziellen Rentenalter scheiden viele Menschen mehr oder weniger freiwillig vorzeitig aus der Erwerbsarbeit aus.

■ Eine Erhöhung des regulären Rentenalters könnte die Zahl der vorzeitig aus dem Erwerbsleben Ausscheidenden erhöhen und den Druck auf die Invalidenversicherung und die Arbeitslosenkassen verstärken.

■ Allen Arbeitsmarktprognosen zum Trotz: Es gibt für Menschen über 60 nicht genügend geeignete Arbeitsplätze – vor allem nicht solche mit Teilzeitpensen.

■ Noch immer gilt für viele Staatsangestellte und Mitarbeitende von Banken, Versicherungsgesellschaften und Grossunternehmen ein Rentenalter 63, 62 oder sogar 60. Voll leistungsfähige Fachkräfte werden – teils gegen ihren Willen – in den vorzeitigen, finanziell meist gut gepolsterten Ruhestand abgeschoben.

■ In der letzten Finanz- und Wirtschaftskrise wurden viele ältere Erwerbstätige entlassen. Bei Anziehen der Konjunktur sollen sie nochmals in die Hosen steigen! Zu offenkundig wird das Pensionierungsalter missbraucht, um Schwankungen des Arbeitsmarktes auszugleichen.

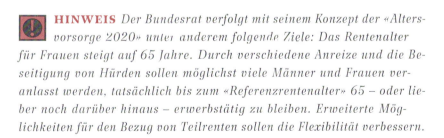

HINWEIS Der Bundesrat verfolgt mit seinem Konzept der «Altersvorsorge 2020» unter anderem folgende Ziele: Das Rentenalter für Frauen steigt auf 65 Jahre. Durch verschiedene Anreize und die Beseitigung von Hürden sollen möglichst viele Männer und Frauen veranlasst werden, tatsächlich bis zum «Referenzrentenalter» 65 – oder lieber noch darüber hinaus – erwerbstätig zu bleiben. Erweiterte Möglichkeiten für den Bezug von Teilrenten sollen die Flexibilität verbessern.

Zauberwort Flexibilisierung

Bauarbeiter haben eine wesentlich geringere Lebenserwartung als Anwälte oder Lehrer. Sie leiden im Alter 65 häufiger an körperlichen Schäden und Verschleisserscheinungen. Auch das Leben einer Frau, die drei Kinder grossgezogen und anschliessend mit einem Teilzeitpensum gearbeitet hat, lässt sich schlecht mit dem Erwerbsleben eines Buchhalters vergleichen. Immer vielfältiger sind die Lebensentwürfe und Berufskarrieren; von den Menschen im heutigen Berufsleben wird viel Flexibilität verlangt. Warum sollte dies nicht gelten, wenn es um die Gestaltung des Übergangs vom Erwerbsleben in den Ruhestand geht?

Bereits heute gibt es Möglichkeiten, vor oder nach Erreichen des offiziellen Rentenalters aus dem Erwerbsleben auszuscheiden. Ersteres ist aber mit finanziellen Einbussen, Letzteres mit Hindernissen verbunden. Mehr Informationen dazu finden Sie in den Kapiteln «Frühpensionierung – finanzielle Voraussetzungen» (Seite 63) und «Erwerbstätigkeit im Rentenalter» (Seite 65).

 HINWEIS *Erwerbstätige Männer lassen sich im Durchschnitt mit 63,5 Jahren pensionieren, Frauen mit 63,1 Jahren.*

 CHANCE *Allen gesetzlichen Hindernissen und Pensionskassenreglementen zum Trotz: Bestimmen Sie im Rahmen Ihrer finanziellen Möglichkeiten selber, ob Sie vorzeitig aus dem Erwerbsleben aussteigen, bis zum ordentlichen Rentenalter bleiben oder sogar noch darüber hinaus eine Berufstätigkeit ausüben.*

Vier Übergangsmodelle

Sind Sie gerne erwerbstätig, möchten gleichzeitig aber auch mehr Freizeit und Unabhängigkeit geniessen? Dann entspricht vielleicht ein schrittweiser Übergang vom Berufsleben in den Ruhestand Ihren Bedürfnissen am besten. Die folgenden Modelle haben Vor- und Nachteile. Im Einzelfall ist eine massgeschneiderte Lösung erforderlich, die Ihre persönlichen Wünsche und die Interessen des Arbeitgebers angemessen berücksichtigt.

 TIPP *Natürlich lassen sich verschiedene Elemente dieser Modelle miteinander kombinieren. Bevor Sie das Gespräch über eine gleitende Pensionierung mit Ihren Vorgesetzten führen, sollten Sie verschiedene Ausstiegsszenarien entwickeln. Kombinieren Sie dabei Ihre persönlichen Bedürfnisse mit den Vorteilen für den Betrieb.*

Bogenkarriere

Die menschliche Leistungsfähigkeit steigt nicht bis zum 65. Geburtstag, um dann abrupt auf Ruhestandsniveau zu sinken. Ähnlich verhält es sich mit dem Einkommensbedarf: In den mittleren Jahren – wenn Kinder in Ausbildung sind und Hypotheken amortisiert werden müssen – ist die Belastung am grössten. Dem trägt die Bogenkarriere Rechnung. Schon einige Jahre vor der Pensionierung gibt es einen «Karriererückschritt», wird Verantwortung abgebaut und die Belastung reduziert.

■ Vorteil: bannt die Gefahren von Stress und Burnout
■ Nachteil: weniger Lohn und Sozialprestige

RÖBI A. WAR AGENTURLEITER einer Versicherung – eine anspruchsvolle Stelle, die mit der Verantwortung für 35 Mitarbeitende verbunden war. Mit 57 Jahren gab Röbi A. die Führungsverantwortung ab und übernahm dafür zwei Projekte, die sich speziell an eine ältere Kundschaft richten. Hier kann er seine langjährige Erfahrung nutzen – mit einem 80-Prozent-Pensum. Der zusätzliche freie Tag eröffnet ihm völlig neue Perspektiven für die Zeit nach der Pensionierung. «Ich arbeite gern und kann mir gut vorstellen, auch nach der Pensionierung noch mit einem kleinen Pensum berufstätig zu bleiben», resümiert Röbi A.

CHECKLISTE: GLEITENDE PENSIONIERUNG

Gehen Sie die folgenden Punkte durch, wenn Sie sich mit dem Gedanken an eine gleitende Pensionierung befassen. Diskutieren Sie Ihre Ideen mit Ihrer Lebenspartnerin, Ihrem Lebenspartner und einer Vertrauensperson, die Sie und Ihr berufliches Umfeld kennt. Nutzen Sie für diese wichtige Standortbestimmung allenfalls auch eine professionelle Laufbahnberatung. Entwickeln Sie mehrere Varianten für Ihre gleitende Pensionierung, listen Sie Vor-und Nachteile, Chancen und Risiken für jede Variante auf. Suchen Sie dann das Gespräch mit Ihrem Arbeitgeber.

■ Wann möchte ich mein Arbeitspensum reduzieren?
■ Möchte ich einen etappenweisen Abbau von Aufgaben und Pensum?
■ Welche bisherigen Aufgaben möchte ich weiterhin erfüllen, welche abgeben?
■ Welche neuen Aufgaben oder kommenden Projekte entsprechen meinen Fähigkeiten und Neigungen besonders gut und kämen für mich in Frage?
■ Welche der erwünschten Funktionen sind für eine Teilzeitbeschäftigung geeignet?
■ Was sind meine besonderen Kompetenzen, Erfahrungen und Beziehungen, die mich für den Arbeitgeber auch mit einem Teilzeitpensum interessant machen?

Abnehmendes Pensum

Anders als bei der Bogenkarriere, bei der auch die Position oder Funktion verändert wird, geht es hier nur um eine Reduktion des Pensums, das in den letzten Jahren oder Monaten des Berufslebens auf 80 oder 60 Prozent abgebaut wird.

- Vorteil: mehr Freizeit, Möglichkeit, schon früh in eine anspruchsvolle Rentnertätigkeit einzusteigen
- Nachteil: Lohneinbusse

Weniger, dafür länger

Bei diesem Modell werden ebenfalls in den letzten Jahren die Aufgaben und das Arbeitspensum reduziert. Zum Ausgleich wird die Erwerbstätigkeit – wiederum mit einem Teilzeitpensum – über das Rentenalter hinaus verlängert.

- Vorteil: ermöglicht Nebeneinander von Berufsarbeit und Freizeit
- Nachteil: in den Sozialversicherungen nicht vorgesehen, kompliziert

Sanfte Landung

Damit eine berufstätige Person nicht von einem Tag auf den andern in den Ruhestand befördert wird, übernimmt sie für eine begrenzte Zeit mit einem Teilzeitpensum einzelne Aufgaben oder eine beratende Funktion. Dieses Modell hat sich vor allem für Führungskräfte bewährt, die mit 60 ihre Kaderstelle zugunsten von Jüngeren aufgeben müssen.

■ Vorteil: altersgemässe Aufgaben (zum Beispiel Coaching von jungen Fachleuten oder Managern)

■ Nachteil: Verlust von Prestige und Einkommen

Sich früher pensionieren lassen ...

Die Pensionierung vor dem ordentlichen AHV-Alter kann aus unterschiedlichen Gründen erfolgen: Einzelne Firmen entlassen ihre Angestellten bei voller Leistung ein paar Jahre früher in den Ruhestand, oder ein Personalabbau führt zu erzwungenen Austritten. Die erfreulichste Variante: Sie entscheiden sich selber für eine Frühpensionierung.

In vielen staatlichen Verwaltungen und in einzelnen Branchen (Banken, Versicherungsgesellschaften, Pharmaindustrie und andere Grosskonzerne, Baugewerbe) ist das Rentenalter um einige Jahre vorgezogen. Hat jemand genügend Dienstjahre geleistet, kann er oder sie bei voller Pensionskassenrente in den Ruhestand treten. Eine Übergangsrente deckt in der Regel die Einkommenslücke, bis auch die AHV-Rente ausbezahlt wird.

Zu Frühpensionierungen kommt es auch infolge von Fusionen, Produktionsverlagerungen ins Ausland oder innerbetrieblichen Umstrukturierungen. Manager erhalten nicht selten sogenannte goldene Fallschirme, mit denen sie in Richtung Karibik oder Golfplatz davonfliegen können. Für alle andern gibts in der Regel wenigstens Sozialpläne, die finanzielle Härten abfedern.

Immer häufiger sind individuelle Motive für eine Frühpensionierung ausschlaggebend: Unterschiedlich alte Paare möchten den neuen Lebensabschnitt gemeinsam gestalten. Jemand will ein Hobby zum Teilzeiterwerb ausbauen oder hat mit harter Arbeit genug Geld gespart und möchte nun noch etwas Besonderes erleben. Ein anderer ist müde vom Erwerbsleben oder gesundheitlich angeschlagen.

CHECKLISTE: FRÜHPENSIONIERUNG

Die folgenden Fragen können Ihnen einen Anhaltspunkt dafür geben, ob ein frühzeitiger Eintritt in den Ruhestand für Sie der richtige Weg ist:

- Was gewinne ich durch einen vorgezogenen Ruhestand?
- Ist es meiner Gesundheit förderlich, früher mit der Erwerbsarbeit aufzuhören?
- Gewinne ich neue Energie für Reisen und Hobbys?
- Habe ich Lust, eine zweite Karriere mit einer Lieblingstätigkeit oder in der Freiwilligenarbeit aufzubauen?
- Möchte ich mehr Zeit für die Pflege der Beziehung zu Partnerin / Partner, Enkelkindern oder anderen Personen gewinnen?
- Was verliere ich – nebst dem Lohn – durch den vorzeitigen Abschied vom Beruf?
- Sehe ich einen angemessenen Ersatz für die wegfallenden sozialen Beziehungen?
- Brauche ich als Frühpensionierte herausfordernde Aufgaben, die ein Stück Lebenssinn vermitteln?
- Käme anstelle einer Frühpensionierung auch Teilzeitarbeit bis zur ordentlichen Pensionierung in Frage? Vor- und Nachteile beider Varianten?
- Wann möchte ich meine Erwerbstätigkeit aufgeben?
- Was sind die finanziellen Auswirkungen einer Frühpensionierung zu diesem Zeitpunkt?
- Habe ich genügend Vermögen, um die Einkommenslücke zu decken?
- Oder bin ich bereit, meine Ausgaben einzuschränken?

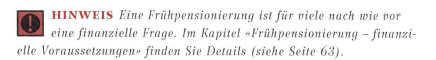 **HINWEIS** *Eine Frühpensionierung ist für viele nach wie vor eine finanzielle Frage. Im Kapitel «Frühpensionierung – finanzielle Voraussetzungen» finden Sie Details (siehe Seite 63).*

… oder gar weiterhin arbeiten?

Während Jahrhunderten arbeiteten die Menschen, solange sie körperlich und geistig dazu in der Lage waren. Erst die Industriegesellschaft schuf eine klare Trennung von Arbeitszeit und Freizeit. Seit AHV und Pensionskassen existenzsichernd sind, können die meisten Menschen in der Schweiz nach dem Erwerbsleben einen oft langjährigen Ruhestand geniessen.

Seit 1970 ist die Zahl der berufstätigen AHV-Rentner und -Rentnerinnen stark zurückgegangen. Damals hatten noch nicht alle eine ausreichende

SILBERNE HAARE – GOLDENE GESCHÄFTE

Nicht nur die Berufstätigen altern, sondern auch die Kundschaft. Die Basler Kantonalbank (BKB) hat diese Tatsache für eine Win-win-Situation genutzt.

Manche älteren Menschen betreten nur noch zögerlich die Glashallen einer modernen Bank. Wenn ihnen ein gut ausgebildeter junger Kundenberater verschiedene Anlagemöglichkeiten für ihr Erspartes darlegt, sind sie zwar beeindruckt – eine tragfähige Vertrauensbasis will aber nicht entstehen. «In diesen Fällen braucht es auf unserer Seite vertrauenswürdige Berater mit viel Geduld, Zeit und gereifter Lebenserfahrung», sagt ein Mitglied der BKB-Direktion. Gefunden hat die BKB ihre neuen Sympathieträger unter den frisch Pensionierten: 13 ehemalige Filialleiter, Beraterinnen und andere Bankfachleute im Alter zwischen 60 und 75 Jahren bilden das Team der BKB-Seniorenberatung. Ein Anruf auf eine spezielle Telefonnummer genügt, und nach wenigen Tagen erscheint ein Mitglied der Seniorenberatung an der Haustür. Im ersten Gespräch geht es meistens um eine Auslegeordnung und um die Vorbereitung von konkreten Schritten. Die Berater stellen den Kontakt zu den Fachleuten in der Bank her, wenn es zum Beispiel um komplizierte Vermögensanlagen oder die Umwandlung von Hypotheken geht.

Das Team der BKB-Seniorenberatung arbeitet ohne Lohn. Für die durchschnittlich zehn Stunden Einsatz im Monat gibts bloss eine bescheidene Entschädigung. Das Mitglied der BKB-Direktion: «Wichtiger ist die Teilnahme an bankinternen Weiterbildungen und den Teamsitzungen, die wir immer mit einem geselligen Anlass verknüpfen.» ▪

Pensionskasse, und vorwiegend Menschen mit bescheidener Ausbildung arbeiteten aus finanziellen Gründen weiter. Heute sind es mehrheitlich zwei Gruppen, die über das Rentenalter hinaus erwerbstätig bleiben: einerseits Landwirte und Leiter von gewerblichen Familienbetrieben, die manchmal nicht über genügend Erspartes verfügen oder noch keine definitive Nachfolgeregelung gefunden haben. Andererseits sind es freiberufliche Anwälte, Architekten, Berater und qualifizierte Fachleute, bei denen die Freude an ihrer Arbeit und an beruflichen Herausforderungen im Vordergrund steht. In den letzten Jahren nimmt die Erwerbstätigkeit dieser Gruppe leicht zu.

Jeder dritte Mann und jede siebte Frau ist mit 66 noch erwerbstätig – meistens mit einem Teilzeitpensum. In grösseren Unternehmen sind Berufstätige über 65 zur Ausnahme geworden – sie machen weniger als ein Prozent aus.

So packen Sie es an

Als erwerbstätiger Rentner gehören Sie zu einer Minderheit – und müssen mit allerlei Vorurteilen und Hindernissen rechnen. Der Konkurrenzkampf am Arbeitsplatz ist härter geworden. Arbeitgeberverbände plädieren zwar für eine längere Lebensarbeitszeit, doch die Realität hinkt dieser Vorstellung hinterher. Auf dem Arbeitsmarkt haben Weisshaarige noch immer tendenziell schlechte Karten.

Wenn Sie über das Pensionsalter hinaus erwerbstätig sein möchten, sollten Sie zuerst Ihre Motive ergründen: Haben Sie Freude, weiter zu arbeiten? Oder eher Angst vor der kommenden Leere? Wie wichtig ist die Entlöhnung?

Bedenken Sie auch die Haltung Ihres beruflichen Umfeldes: Sind Sie willkommen oder bloss noch geduldet? Behindern Sie eine jüngere Person beim erwünschten Karriereschritt, oder helfen Sie mit, eine Personallücke für ein, zwei Jahre zu überbrücken?

CHANCE *Bei Ihrem bisherigen Arbeitgeber haben Sie bessere Voraussetzungen für einen angemessenen Pensioniertenjob als auf dem freien Arbeitsmarkt. Hier kennt man Sie und Ihre Fähigkeiten. Sie können Ihre langjährige Erfahrung und erprobte Beziehungen einsetzen.*

RENATO T. HAT BIS ZUR PENSIONIERUNG als Kundenbetreuer in einer Druckerei gearbeitet. Seit dem 65. Geburtstag ist er noch mit einem Pensum von 30 Prozent angestellt. Er ist zuständig für zwei Grosskunden. «Grundlage dieses Arrangements ist meine gute persönliche Beziehung zu den Kunden. Sie erwarten, dass ich wie bisher übers Mobiltelefon während der ganzen Woche erreichbar bin. Zeitlich bin ich sogar flexibler als vorher. Wenn zum Beispiel ein Jahresbericht gedruckt wird, stehe ich dem Auftraggeber während zwei Wochen voll zur Verfügung. Das ist eine De-luxe-Betreuung, die beide Kunden sehr schätzen.»

Bewerben sich Pensionierte auf Stellenausschreibungen, erhalten sie in der Regel Absagen. Erfolgversprechender ist es, gezielt mit potenziellen Arbeitgebern Kontakt aufzunehmen und die besonderen Fähigkeiten und geschäftlichen Beziehungen anzubieten.

HINWEIS *Verschiedene Organisationen vermitteln pensionierte Manager und hochqualifizerte Fachleute für zeitlich begrenzte Einsätze im In- und Ausland. Adressen finden Sie im Anhang.*

RECHT UND GELD: FRAGEN UND ANTWORTEN

Muss ich als erwerbstätige Rentnerin AHV-Beiträge zahlen?

Ja. Zurzeit gilt allerdings beim Einkommen ein Freibetrag von 1400 Franken im Monat oder 16 800 im Jahr. Das heisst: Nur auf dem Erwerbseinkommen, das diese Summe übersteigt, sind AHV-Beiträge fällig. Bei mehreren Arbeitgebern kann diese Freigrenze sogar für jedes Arbeitsverhältnis in Anspruch genommen werden (www.ahv-iv.info.ch → Merkblatt 2.01).

Erhöht sich die AHV-Rente durch Beiträge im Rentenalter?

Nein.

Wie wirkt sich Erwerbsarbeit im Rentenalter auf die Pensionskasse aus?

Im Gegensatz zur AHV ermöglichen erst wenige Pensionskassen einen Rentenaufschub. Ob Sie erwerbstätig sind oder nicht: Sie beziehen eine Pensionskassenrente, zahlen keine Beiträge mehr, erhalten aber auch keine höhere Rente.

Kann ich von meinem Erwerbseinkommen nach der Pensionierung noch Einzahlungen in die Säule 3a machen?

Ja. Sie dürfen während maximal fünf Jahren bis zu 20 Prozent des steuerbaren Erwerbseinkommens auf ein Konto 3a einzahlen und vom steuerbaren Einkommen abziehen. ■

Entscheidungshilfen für Migrantinnen und Migranten

Sie kamen als Saisonniers zum Arbeiten in die Schweiz, blieben ein paar Jahre, zogen die Familie nach. Aus dem Provisorium in der Fremde wurde ein Dauerzustand, manchmal eine zweite Heimat. Jetzt kommen viele Migranten der ersten Generation ins Rentenalter.

Die Pensionierung wird für viele Migranten zur Stunde der Wahrheit: Lässt sich der lange Zeit aufgeschobene Traum von der Rückkehr in die Heimat nun verwirklichen? Oder wird auch die nachberufliche Lebensphase bis ins hohe Alter in der Schweiz stattfinden? Oder gibt es eine Möglichkeit, die angenehmen Seiten der alten und der neuen Heimat zu nutzen und jeweils ein paar Monate hier und ein paar Monate dort zu leben?

Die Statistik zeigt, dass rund ein Drittel der Arbeitsmigranten der ersten Generation bei der Pensionierung definitiv zurückkehrt, ein Drittel hier bleibt und ein Drittel eine Mischform wählt. Dabei gibt es grosse Unterschiede je nach Herkunftsland, Zivilstand, finanziellen Möglichkeiten sowie sozialer und kultureller Integration: Alleinstehende Männer und Menschen aus Portugal etwa entscheiden sich häufiger für die Rückkehr, Ehepaare aus Italien, die Kinder und Enkel haben, bleiben eher in der Schweiz.

Ins Heimatland zurückkehren oder bleiben?

Natürlich ist der Entscheid, ob das künftige Leben in einem süditalienischen oder andalusischen Dorf, in einer schweizerischen Agglomerationsgemeinde oder einem städtischen Arbeiterquartier stattfinden wird, stark von Gefühlen geprägt. Gerade deshalb ist es wichtig, auch alle praktischen Fragen wie Finanzen und Wohnsituation nüchtern zu beurteilen.

Finanzen

Erstellen Sie für jede Lebensvariante, die in Betracht kommt, ein eigenes Budget (mehr dazu Seite 60). Dieses wird meistens zeigen, dass Sie sich in Ihrem Herkunftsland mehr leisten können als in der Schweiz. In den letzten Jahren sind die Lebenshaltungskosten in Italien, Spanien und Portugal allerdings stark gestiegen. Schwankungen des Wechselkurses zwischen Franken und Euro bewirken Ebbe und Flut im Geldbeutel. Wichtig: Erkundigen Sie sich auch über die steuerliche Belastung von Einkommen und Vermögen sowie bevorstehende Reformen in diesem Bereich.

HINWEIS *Rentnerinnen und Rentner mit bescheidenem Einkommen erhalten in der Schweiz Ergänzungsleistungen zur AHV (siehe auch Seite 73) sowie Prämienvergünstigungen bei der Krankenkasse. Den Anspruch auf Ergänzungsleistungen verlieren Sie, wenn Sie den Wohnsitz in der Schweiz aufgeben. Prämienvergünstigungen erhalten Sie weiterhin, wenn Sie in der Schweiz versichert bleiben, während Sie in einem EU-Staat wohnen.*

Wohnsituation

Häufig besitzen Heimkehrer ein Stück Land und ein Haus. Nicht selten haben sie schon in jungen Jahren mit dem Bau des Hauses begonnen und einen grossen Teil ihrer Ersparnisse und ihrer Ferienzeit hineingesteckt. Natürlich hatten sie immer die Absicht, das Haus auch wirklich zu bewohnen – nicht nur im Urlaub, sondern dauerhaft.

CHANCE *Falls Sie definitiv in der Schweiz bleiben, überlegen Sie, ob und wie lange Sie Ihr Haus im Süden als Ferienhaus nutzen wollen. Vielleicht können Sie es vermieten oder sogar zu einem guten Preis verkaufen?*

Beziehungen

Die Familie und gute Freunde sind für das Wohlbefinden von unschätzbarem Wert. Malen Sie sich aus, mit wem Sie in Zukunft den Alltag teilen, Feste feiern, die Freizeit verbringen – hier oder dort:

- Was sind Ihre tragenden Beziehungen in der Schweiz: Ehefrau/Ehemann, Kinder, Enkel, Freunde, Kolleginnen von der Arbeit oder einem Verein, Nachbarn?
- Wie sieht Ihr Beziehungsnetz in der Heimat aus? Verstehen Sie sich mit den Freundinnen und Freunden aus der Jugend wirklich noch – nach Jahrzehnten mit einem sehr anderen Leben?

■ Wer wird Ihnen bei einer definitiven Heimkehr fehlen? Können Sie Freundschaften aufrechterhalten – zum Beispiel mit gegenseitigen Ferienbesuchen? Wird dies in einigen Jahren auch noch gehen – wenn gesundheitliche Probleme die Mobilität einschränken?

DIE LEHRERIN ARABELLA C. ERZÄHLT: «Mein Vater hat in seinem Heimatdorf ein Haus und alte Freunde. Er hat dort immer etwas zu tun. Meine Mutter stammt aber aus einem anderen Dorf. Sie hat zwar im Dorf meines Vaters ein paar Bekannte, aber keine wirklichen Freundinnen. Für sie wäre die Rückkehr eine zweite Verpflanzung in die Fremde. Sie wäre gebunden an das Haus und den Haushalt.»

Für Paare bestehen in der Gewichtung einzelner Beziehungen Unterschiede. Frauen haben in der Regel mehr familiäre und nachbarschaftliche Kontakte gepflegt, Männer stützen sich mehr auf Beziehungen rund um den Arbeitsplatz. Nach der Pensionierung und vor dem Entscheid fürs Heimkehren oder Hierbleiben kommen diese Unterschiede zum Vorschein.

Vor allem Frauen erleben häufig einen Loyalitätskonflikt: Einerseits halten sie zu ihrem Mann, der ein Leben lang davon geträumt hat, heimzukehren. Andererseits möchten sie für ihre Kinder und Enkel da sein, die in der schweizerischen Gesellschaft gut integriert sind.

CHANCE *Einzeln gewichten – gemeinsam entscheiden: Stehen Sie als Paar vor der Entscheidung über den künftigen Ort des Lebens, macht am besten jeder eine Liste mit allen Vor- und Nachteilen. Respektieren Sie, dass Ihr Partner, Ihre Partnerin andere Bedürfnisse, Wünsche und Hoffnungen hat, und suchen Sie eine Lösung, zu der beide Ja sagen können.*

Freizeitgestaltung

Was möchten Sie nach der Beendigung der Berufstätigkeit mit der neuen Freizeit anfangen? Im Kapitel «Freizeit – kostbare neue Freiheit» (Seite 91) erhalten Sie dazu viele Ideen. Je nachdem, ob Sie gerne im Garten arbeiten, handwerklich tätig sind, als Familienmensch Zeit mit Kindern und Enkeln verbringen möchten, in einem Verein mitmachen oder ein stilles Hobby pflegen, finden Sie in der Schweiz oder in Ihrem ursprünglichen Heimatland andere Voraussetzungen.

TIPP *Überlegen Sie sich, wie Ihre Freizeitgestaltung in fünf oder zehn Jahren aussehen könnte. Ihr Gesundheitszustand kann sich verändern – und auch Ihre Freunde und Familienangehörigen werden älter.*

CHECKLISTE: WOHNSITUATION

Allgemeine Hinweise zum Thema Wohnen finden Sie im Kapitel «Wohnen – Lebensraum neu gestalten» (Seite 143). Stellen Sie sich vor einer definitiven Rückkehr in Ihr Heimatland zusätzlich diese Fragen:

■ Wo fühlen Sie sich wirklich zu Hause? Wo sind Sie aufgehoben und geborgen?

■ Steht das Haus im Heimatdorf am richtigen Ort – auch wenn Sie einmal nicht mehr Auto fahren?

■ Ist es geeignet für alte Menschen (Zugänge, Treppen und andere Hindernisse)?

■ Gibt es genügend Platz für längere Besuche von Freunden und Familienangehörigen aus der Schweiz?

■ Entspricht der bauliche Zustand Ihren heutigen Ansprüchen (Heizung, Kücheneinrichtung, Komfort)?

CHANCE *Einige Organisationen wie Pro Senectute, die Missione Cattolica Italiana, die Colonie Libere Italiane oder Pro Migrante bieten Freizeitaktivitäten in italienischer oder spanischer Sprache an. Wenn Sie dauerhaft in der Schweiz bleiben, lohnt es sich aber auch, die Spruche des Wohnortes noch besser sprechen und verstehen zu lernen (Adressen im Anhang).*

Kultur und Lebensart

In 30 oder 40 Jahren hat sich die alte Heimat wahrscheinlich stark verändert. Spanien und Portugal waren damals noch rückständige Diktaturen, der Süden Italiens wirtschaftlich wenig entwickelt. Die europäische Integration hat seither gewaltige Veränderungen bewirkt.

Vielleicht ist in Ihrem Heimatort aber auch vieles beim Alten geblieben. Das macht eine Rückkehr nicht unbedingt leichter! Denn Sie selber haben sich in der Fremde ebenfalls verändert. Sind Sie für die Daheimgebliebenen nicht längst zum «Schweizer» oder zur «Schweizerin» geworden? Kehren Sie heim als Fremde?

ISABELLA B., LEITERIN REINIGUNGSDIENST in einem Heim, steht kurz vor der Pensionierung. Zu einer allfälligen Rückkehr nach Sizilien meint sie: «In Bern kann ich mit Arbeitskolleginnen in ein Restaurant gehen, etwas trinken und es lustig haben. Ich kann mich mit dem Velo frei in der Stadt bewegen und könnte sogar allein ins Kino gehen. In unserer Heimat geht das nicht. Junge Frauen sind vielleicht freier, aber eine alte wie ich? Mein Mann hat mich einmal in den Ferien in die Osteria mitgenommen. Ich war die einzige Frau; die Männer haben komisch geschaut, und mein Mann hat sich wahrscheinlich ein bisschen geschämt. Nein, dort könnte ich nicht mehr leben.»

CHANCE *Warum nicht einen langen Probeaufenthalt machen, bevor Sie sich zur definitiven Rückkehr in Ihre frühere Heimat entschliessen? Besuchen Sie möglichst viele Ihrer Jugendfreunde, Nachbarinnen und Verwandten. Nehmen Sie an vielen Freizeitaktivitäten, kulturellen, kirchlichen und sozialen Veranstaltungen teil. Gehen Sie in Restaurants, an Parteiversammlungen und Beerdigungen. So finden Sie am besten heraus, ob Sie in der alten Heimat heimisch werden können.*

Betreuung bei Krankheit und im hohen Alter

Die meisten Pensionierten sind bei guter Gesundheit und bleiben dies auch über lange Jahre. Trotzdem sollten Sie sich im Hinblick auf eine Rückkehr ins Heimatland auch ein paar kritische Fragen zu den Schattenseiten des Lebens stellen:

- Was geschieht, wenn Sie (oder Ihre Partnerin, Ihr Partner) bei einem Unfall das Handgelenk brechen, eine schwere Krankheit erleiden oder langfristig auf Pflege angewiesen sind?
- Wie ist die medizinische Versorgung in der Heimat (Arzt, Spital, Apotheke, Möglichkeiten für Hilfe und Pflege zu Hause)?
- Welche Versicherungsleistungen decken die Kosten? Ein Blick in die Versicherungsausweise oder ein Gespräch mit Ihrem Kundenberater schaffen Klarheit.
- Wer macht den Haushalt?
- Wer macht Krankenbesuche, sorgt für Unterhaltung und Aufmunterung?
- Können Sie im hohen Alter, falls Sie auf Unterstützung und Pflege angewiesen sind, bei Verwandten leben? Oder in einem Altersheim? Ist die Finanzierung gesichert?

CHANCE *Die mediterrane Küche gilt als besonders gesund, frisches Gemüse aus dem eigenen Garten ebenso. Regelmässige Bewegung verzögert Altersbeschwerden. Geselligkeit und die Geborgenheit in einer Familie oder einem Freundeskreis sind wichtig für das seelische Wohlbefinden. An welchem Ort haben Sie die günstigsten Bedingungen für eine gesunde Lebensweise?*

AHV, Krankenkasse & Co.: die wichtigsten Fakten

Wenn Sie in Ihr Heimatland zurückkehren, erhalten Sie die gleichen Renten von der AHV und Ihrer Pensionskasse, wie wenn Sie Ihren Wohnsitz in der Schweiz behalten (siehe Seite 52 und 56). Alternativ können Sie einen Teil des Pensionskassenkapitals bar beziehen. Erkundigen Sie sich bei Ihrer Pensionskasse über die aktuellen gesetzlichen Vorschriften und die genauen Bestimmungen des Pensionskassenreglements.

Wenn Sie früher in einem EU-Land erwerbstätig waren, erhalten Sie auch eine Rente dieses Landes. Es werden von jedem Land aber nur Teilrenten ausgerichtet. Ergänzungsleistungen (mehr dazu Seite 73) werden nicht ins Ausland ausbezahlt.

Ihre Krankenversicherung samt einer allfälligen Prämienverbilligung können EU-Angehörige unter bestimmten Voraussetzungen bei der Ausreise behalten. Erkundigen Sie sich bei Ihrer Krankenkasse.

HINWEIS *Den Fotoroman «Heimweh – ein Geburtstagsfest mit Folgen» und die Broschüre «Vorbereitung auf die Pensionierung von Migrantinnen und Migranten» erhalten Sie gratis bei der Bundesverwaltung (www.bundespublikationen.admin.ch).*

Wenn alle Stricke reissen

Und wenn es mit der Heimkehr schiefgeht? Als EU-Bürgerin, EU-Bürger können Sie sich unter bestimmten Bedingungen wieder in der Schweiz niederlassen.

Als Nichterwerbstätige erhalten Sie eine Aufenthaltsbewilligung, falls Sie über genügend Rente und/oder Vermögen verfügen. Wer jedoch auf Ergänzungsleistungen oder Sozialhilfe angewiesen ist, riskiert die Ablehnung oder Nichtverlängerung der Aufenthaltsbewilligung.

3

Das Budget im Griff

Mit der Pensionierung ändern sich Ihre Einnahmen und Ausgaben grundlegend. Sie müssen langfristig sinnvolle Anlageentscheide treffen und Risiken abschätzen. Dank gezielter Planung steht Ihnen das Geld im richtigen Zeitpunkt zur Verfügung – und Sie können Steuern sparen. Dieses Kapitel hilft Ihnen, eine detaillierte Übersicht über die Finanzen im Rentenalter zu gewinnen.

Machen Sie Kassensturz

Erstmals in der Geschichte kommt eine Generation ins Rentenalter, die im Durchschnitt wohlhabend ist. Nach einem langen Arbeitsleben haben sich in der Pensionskasse und auf Konten der 3. Säule oft mehrere Hunderttausend Franken angesammelt. Mit einem finanziell sorgenfreien Leben ist eine wichtige Grundlage für die Zufriedenheit im Alter geschaffen.

Ob im Zeitpunkt der Pensionierung Ihre Finanzen im Lot sind, entscheidet sich lange vorher. Idealerweise machen Sie schon mit 50 eine erste Auslegeordnung. Denn je später Sie dran sind, desto mehr Disziplin braucht es, um absehbare Einkommenslücken zu schliessen. Es gilt aber: Besser spät als nie.

BUCHTIPP
Ausführliche Informationen für die finanzielle Planung vor der Pensionierung finden Sie im Beobachter-Ratgeber **«Vorsorgen, aber sicher! AHV, 3. Säule, Frühpension – so planen Sie richtig».**
www.beobachter.ch/buchshop

Planen im Alter 50, 55, 60 und 64

Die finanzielle Situation im Ruhestand können Sie mit einer systematischen Planung günstig beeinflussen. Es lohnt sich, frühzeitig anzusetzen und Ihre Überlegungen alle fünf Jahre zu prüfen.

Im Alter von 50 Jahren

1. Tragen Sie alle Unterlagen zusammen, die Sie für den Überblick über Ihre Vorsorgesituation brauchen (aktuelle Steuererklärung, Ausweis und Reglement der Pensionskasse, Belege von Freizügigkeitskonten oder -policen, Belege von Säule-3a-Vorsorgekonten oder -policen, Lebensversicherungspolicen, Auszüge aus Bankkonten und Wertschriftendepots, Unterlagen Wohneigentum, AHV- und Lohnausweis).
2. Bestellen Sie bei der AHV-Ausgleichskasse eine Rentenvorausberechnung (www.ahv-iv.info); mehr dazu auf Seite 54.
3. Überprüfen Sie die Höhe Ihrer Altersrente auf dem aktuellen Pensionskassenausweis.

4. Schätzen Sie Ihren Einkommensbedarf im Ruhestand ab und erstellen Sie dafür ein Budget (siehe Seite 60). Für wen müssen Sie mitvorsorgen (Ehepartner, Kinder in Ausbildung)? Vergleichen Sie den geschätzten Bedarf mit den zu erwartenden Renten- und Vermögenseinkünften.

5. Zeigen sich Einkommenslücken? Jetzt ist noch Zeit, sie zu schliessen. Prüfen Sie die Möglichkeiten: Kommen zum Beispiel (weitere) Einkäufe in die Pensionskasse in Frage, oder stocken Sie die 3. Säule kräftig auf?

6. Werden Sie sich regulär pensionieren lassen oder streben Sie eine Frühpensionierung an?

7. Falls eine Frühpensionierung zur Diskussion steht, prüfen Sie die Auswirkungen im Detail. Wie hoch ist die Renteneinbusse bei der Pensionskasse? Gibt es eine Überbrückungsrente? Finanziert sie der Arbeitgeber oder müssen Sie selber dafür aufkommen? Müssen Sie die AHV-Rente vorzeitig beziehen oder können Sie zuwarten bis zum ordentlichen Pensionsalter? Wie hoch ist die Renteneinbusse bei einem Vorbezug?

8. Machen Sie sich erste Gedanken zur Frage, ob Sie dereinst eine Pensionskassenrente oder das Kapital beziehen wollen. Befassen Sie sich mit Vor- und Nachteilen, klären Sie die Anmeldefrist ab.

Im Alter von 55 Jahren

1. Bringen Sie die Vermögens- und Vorsorgedaten auf den neusten Stand. Haben sich Ihre persönlichen Ziele, die Einkommens- und Vermögenslage oder Ihre Lebenssituation (Heirat, Scheidung usw.) verändert?

2. Wie wirken sich die Abweichungen aus? Müssen Sie zum Beispiel auf eine Frühpensionierung verzichten oder ist eine solche nun erst möglich?

3. Wurden Gesetze und Reglemente geändert, die Sie betreffen (Steuern, AHV, berufliche Vorsorge)?

4. Wie wollen Sie nach der Pensionierung wohnen? Erwägen Sie den Umzug von einem Haus in eine Eigentumswohnung?

5. Ist Auswandern ein Thema? Wenn Sie der Schweiz den Rücken kehren möchten, ist frühzeitige Planung ein Muss.

Im Alter von 60 Jahren

1. Bringen Sie die Vermögens- und Vorsorgedaten wiederum auf den neusten Stand. Prüfen Sie Veränderungen und Auswirkungen.

2. Rechnen Sie Ihr Budget nochmals detailliert durch – die Angaben können jetzt schon viel konkreter erfolgen.

3. Legen Sie den Zeitpunkt der Pensionierung jetzt fest.

4. Falls Sie eine Frühpensionierung planen und Ihr Ehepartner ebenfalls nicht mehr erwerbstätig ist, melden Sie sich als Nichterwerbstätiger bei Ihrer AHV-Ausgleichskasse an.

5. Wie möchten Sie Ihre AHV-Rente beziehen (Vorbezug, regulärer Bezug, Aufschieben der Rente)?

6. Entscheiden Sie, wie Sie Ihre Pensionskassengelder beziehen wollen: Rente, Kapital oder Mischlösung? Holen Sie spätestens jetzt Rat ein, wenn Sie unsicher sind. Einen geplanten Kapitalbezug müssen Sie Ihrer Vorsorgeeinrichtung fristgerecht melden – das gilt auch bei einer Frühpensionierung.

7. Legen Sie fest, wie Sie allfällige Kapitalbezüge staffeln wollen, um Steuern zu sparen.

Kurz vor der Pensionierung

1. Melden Sie sich vier bis drei Monate vor der Pensionierung für den Rentenbezug bei der AHV-Ausgleichskasse an. Falls Sie die Rente aufschieben möchten, informieren Sie die Ausgleichskasse.

2. Legen Sie fest, wie Sie Ihr vorerst nicht benötigtes Vermögen im Ruhestand anlegen werden. Reduzieren Sie Hypotheken oder entscheiden Sie sich für geeignete Anlagen in Aktien, Obligationen, Anlagefonds usw.? Welche Etappierung haben Sie beim Vermögensverzehr vorgesehen? Lassen Sie sich gegebenenfalls jetzt beraten.

5. Prüfen Sie die güter- und erbrechtliche Situation für die Zeit vor und nach der Pensionierung. Ist Ihre Lebenspartnerin gut genug abgesichert? Lassen Sie sich bei Bedarf von einem Notar oder einer Anwältin beraten.

6. Prüfen Sie die Möglichkeiten der Nachlassregelung, insbesondere wenn Sie Liegenschaften besitzen. Soll das Wohneigentum bereits an die Kinder übertragen werden? Kommt die Auszahlung von Erbvorbezügen in Frage?

Das leistet die AHV

Die AHV ist als 1. Säule der Altersvorsorge das wichtigste Sozialwerk der Schweiz. Sie funktioniert nach dem Umlageverfahren, das heisst: Die Erwerbstätigen zahlen die Renten der Pensionierten. Das AHV-Alter beginnt für die Frauen mit 64, für die Männer mit 65 Jahren.

TIPP *Die AHV kommt nicht automatisch! Bestellen Sie das Formular «Anmeldung für eine Altersrente» im Internet (www.ahv-iv.info → Dienstleistungen → Formulare) oder bei der zuständigen Ausgleichskasse. Senden Sie es ausgefüllt drei bis vier Monate vor Erreichen des Rentenalters an die Ausgleichskasse, die auf Ihrem AHV-Ausweis den letzten Stempel angebracht hat. Deren Adresse finden Sie auf der letzten Seite jedes Telefonbuchs oder im Internet (www.ahv-iv.info). Das AHV-Personal braucht so viel Zeit, damit es alle Daten zusammentragen, Ihre Rente korrekt berechnen und auf das gewünschte Konto überweisen kann.*

Wie viel AHV-Rente erhalte ich?

Die schweizerische Bundesverfassung formuliert für die AHV ein hohes Ziel: «Die Renten haben den Existenzbedarf angemessen zu decken.» In Wirklichkeit ist dies trotz vielen Verbesserungen seit der AHV-Gründung im Jahr 1948 nicht der Fall. Zwei Faktoren bestimmen die Höhe der Rente: die anrechenbaren Beitragsjahre und das massgebende durchschnittliche Jahreseinkommen. Wenn Sie ab dem Kalenderjahr, das dem 20. Geburtstag folgt, lückenlos AHV-Beiträge bezahlt haben, erhalten Sie eine volle Rente.

VOLLRENTEN DER AHV 2017

	Minimalrente in Franken	Maximalrente in Franken
Einzelrenten	1175	2350
Ehegattenrenten	2350	3525

Fehlende Beitragsjahre führen zu einer Rentenkürzung um jeweils rund 2,3 Prozent. Dies betrifft vor allem Personen, die mehrere Jahre im Ausland verbracht haben oder längere Zeit nicht erwerbstätig waren. Beitragslücken lassen sich innerhalb von fünf Jahren nach deren Entstehen noch schliessen. Bis zwei Fehljahre werden durch AHV-Beiträge in Jugendjahren kompensiert.

Für die Höhe der Rente ist neben den Beitragsjahren das durchschnittliche Einkommen massgebend, das jemand im Laufe seines Erwerbslebens erzielt hat. Es wird in einer komplizierten Berechnung mit einem Aufwertungsfaktor der Preis- und Lohnentwicklung angepasst. Erziehungs- und Betreuungsgutschriften kompensieren teilweise die Einkommenseinbussen durch Familienaufgaben.

So funktioniert das Splitting

Für Ehepaare und ihnen gleichgestellte Paare mit eingetragener Partnerschaft gelten besondere Regeln: Erreicht die erste Person das AHV-Alter, wird ihre Rente berechnet wie oben dargestellt. Sobald auch die zweite Person ins AHV-Alter kommt, erfolgt eine neue Berechnung für beide. Von den während der Ehe auf das individuelle Konto einbezahlten Beträgen geht jeweils die Hälfte auf das Konto des Partners beziehungsweise der Partnerin (sogenanntes Splitting). Nach diesem Verfahren berechnet die Ausgleichskasse die beiden Renten. Zusammen dürfen sie den Betrag von 42 300 Franken pro Jahr nicht überschreiten. Diese Plafonierung auf 150 Prozent einer maximalen Vollrente wird begründet mit den geringeren Kosten eines gemeinsamen Haushalts. Sind Beitragslücken vorhanden, sodass nicht beides Vollrenten sind, wird auch die Plafonierungsgrenze nach unten angepasst.

Wenn Sie vor der Pensionierung wissen möchten, wie viel AHV-Rente Sie voraussichtlich erhalten werden, können Sie bei der kantonalen Ausgleichskasse einen «Antrag für eine Rentenvorausberechnung» einreichen. Die aufwendige Berechnung erfolgt – einmal innerhalb von fünf Jahren

– unentgeltlich. Eine grobe Schätzung Ihrer Altersrente erhalten Sie jederzeit sofort, wenn Sie auf der AHV-Website einige persönliche Daten eintippen (www.ahv-iv.ch → Merkblätter & Formulare → Online Rentenschätzung).

AHV vorbeziehen ...

Die AHV ermöglicht in einem beschränkten Rahmen den flexiblen Übergang vom Erwerbsleben in die nachberufliche Lebensphase. Frauen und Männer können die AHV-Rente schon ein oder zwei Jahre im Voraus beziehen. Die Rente wird in diesem Fall allerdings lebenslänglich um 6,8 Prozent (ein Jahr Vorbezug) oder 13,6 Prozent (zwei Jahre Vorbezug) gekürzt.

Übrigens: Wer die Rente vorbezieht, untersteht weiterhin der AHV-Beitragspflicht. Sie müssen also weiterhin AHV-Abzüge auf einem allfälligen Einkommen akzeptieren oder AHV-Beiträge als Nichterwerbstätiger bezahlen.

... oder aufschieben

Wenn Sie über das ordentliche Rentenalter hinaus erwerbstätig bleiben, sollten Sie einen Aufschub der AHV-Rente prüfen. Dies ist möglich für mindestens ein bis maximal fünf Jahre. Die lebenslänglich ausbezahlte Rente erhöht sich durch einen solchen Aufschub um höchstens 31,5 Prozent.

AUFSCHUBDAUER UND PROZENTUALE ERHÖHUNG DER RENTE

Jahre	Monate			
	0–2	3–5	6–8	9–11
1	5,2%	6,6%	8,0%	9,4%
2	10,8%	12,3%	13,9%	15,5%
3	17,1%	18,8%	20,5%	22,2%
4	24%	25,8%	27,7%	29,6%
5	31,5%			

Lesebeispiel: Wer die Rente drei Jahre und sechs Monate über das ordentliche AHV-Alter hinaus aufschiebt, erhält eine um 20,5 Prozent höhere Rente.

CHANCE *Dass Sie die AHV-Rente aufschieben möchten, müssen Sie der Ausgleichskasse nicht im Voraus mitteilen. Sie können dies während des ganzen ersten Jahres nach Erreichen des AHV-Alters tun. Entscheiden Sie sich dann doch gegen den Aufschub, wird die normale Rente rückwirkend ausbezahlt. Wenn Sie den Aufschub wählen, muss dieser mindestens ein Jahr betragen. Anschliessend können Sie die aufgeschobene Rente jederzeit auf den nächsten Monat abrufen.*

Das bringt die berufliche Vorsorge

Die Pensionskassen haben sich seit der Einführung des Obligatoriums im Jahr 1985 zur mächtigen 2. Säule der Altersvorsorge entwickelt. Anders als die AHV funktionieren die Pensionskassen nach dem Kapitaldeckungsverfahren: Die Berufstätigen und ihre Arbeitgeber zahlen Jahr für Jahr einen Sparbeitrag ein, der – angereichert durch die Kapitalerträge – bei Erreichen des Pensionsalters für die Altersleistung massgebend ist.

HINWEIS *Das Gesetz über die berufliche Vorsorge (BVG) regelt nur den obligatorischen Bereich. Vorsorgeeinrichtungen können aber einen überobligatorischen Bereich vorsehen und tun dies in den allermeisten Fällen auch. Die Leistungen aus diesem überobligatorischen Bereich sind im jeweiligen Pensionskassenreglement festgelegt. Dieses Dokument ist für Ihre Planung entscheidend.*

Leistungen der Pensionskasse

Im Vorsorgeausweis, den Ihnen die Pensionskasse jeweils anfangs Jahr zustellt, ist die voraussichtliche Altersrente auf den Franken genau aufgeführt. Sie können also schon einige Jahre vor dem Austritt aus dem Berufsleben abschätzen, wie viel Rente Sie erhalten werden. Ob es dann aber tatsächlich dieser Betrag sein wird, hängt von Verschiedenem ab: Im positiven Fall kommt es beispielsweise vor der Pensionierung noch zu einer Lohnerhöhung mit der Möglichkeit, sich auf ein höheres Niveau einzukaufen.

Gewichtiger sind die Risiken, dass die Renten schrumpfen. Grund dafür sind sinkende Umwandlungssätze. Was heisst das? In der Regel liegt das gesparte Alterskapital jeder versicherten Person in zwei «Anlagetöpfen»:

einem obligatorischen, der die gesetzlichen Minimalleistungen abdeckt, und einem überobligatorischen gemäss dem Reglement der jeweiligen Vorsorgeeinrichtung. Bei der ersten Revision des BVG wurde der Umwandlungssatz im obligatorischen Teil von 7,2 Prozent schrittweise auf 6,8 Prozent gesenkt: Aus einem Alterskapital von 100 000 Franken resultiert also nur noch eine Rente von 6800 statt 7200 Franken. Für den überobligatorischen Teil legen die Kassen den Umwandlungssatz selber fest – und senken ihn in Zeiten mit geringer Rendite. Ein Hauptgrund für sinkende Umwandlungssätze ist die zunehmende Lebenserwartung der Versicherten – das gesparte Kapital muss länger reichen. Seit 2010 ist die Lebenserwartung der 65-Jährigen allerdings kaum noch gestiegen (siehe Tabelle auf Seite 163).

HINWEIS *Der Bundesrat will mit dem Konzept «Altersvorsorge 2020» den Umwandlungssatz im BVG-Obligatorium in vier Schritten von 6,8 auf 6,0 Prozent reduzieren. Damit das Leistungsniveau nicht sinkt, sind für Personen über 40 Jahren Kapitalzuschüsse des Sicherheitsfonds vorgesehen.*

BRUNO K. ERSCHRICKT JEDES MAL, wenn er von seiner Pensionskasse Post bekommt. Als Angestellter eines Bundesbetriebs wähnte er sich lange Zeit auf der sicheren Seite. Doch jetzt erfährt er, dass die Publica den Umwandlungssatz der Renten auf Mitte 2018 von bisher 5,65% auf 5,09% senken will. Das bedeutet eine Rentensenkung um 10%. Für über 58-Jährige ist eine «Abfederung» vorgesehen. «Als 57-Jähriger bin ich gleich doppelt bestraft», ärgert sich Bruno K.

Die bereits laufenden Renten sind bis jetzt nicht gekürzt worden. Wegen der steigenden Lebenserwartung und phasenweise tiefen Renditen auf dem Kapitalmarkt wird allerdings immer öfter beim Teuerungsausgleich gespart.

Kapital oder Rente?

Mancher angehende Rentner fragt sich, ob er sein Alterskapital bei der Vorsorgestiftung belassen und lebenslänglich eine Rente beziehen will oder ob er sich das Kapital auszahlen lassen und selber verwalten soll. Wenn Sie vor dieser Entscheidung stehen, prüfen Sie zuerst, in welchem Ausmass Ihre Vorsorgeeinrichtung die Kapitalauszahlung überhaupt erlaubt. Das Gesetz schreibt vor, dass die Vorsorgeeinrichtung Ihnen mindestens einen

Viertel des Alterskapitals auszahlen muss, wenn Sie dies wünschen. Viele Pensionskassen bieten aber einen grösseren Entscheidungsrah-men an. Die Tabelle unten zeigt, dass beide Varianten – Rente und Kapitalleistung – jeweils Vor- und Nachteile haben. Nur unter Berücksichtigung der persönlichen Verhältnisse können Sie die richtige Variante auswählen.

Je nach Reglement Ihrer Pensionskasse können Sie sich auch für eine Mischform entscheiden: einen Teil Ihres Guthabens als Kapital beziehen, den Rest als Rente. Letztere deckt den erwünschten Lebensstandard ab, und mit dem bezogenen Kapital können Sie sich besondere Wünsche erfüllen.

Die Frage «Kapital oder Rente?» sollten Sie einige Jahre vor der Pensionierung prüfen. Manche Pensionskassen verlangen, dass der Kapitalbezug bis zu drei Jahre im Voraus angemeldet wird.

CHANCE *Immer häufiger sind beide Teile eines Paares berufstätig, und ansehnliche Guthaben sammeln sich in zwei Pensionskassen an. Da kann es sinnvoll sein, im einen Fall die Rente zu beziehen und im andern die Auszahlung des Kapitals zu verlangen. Vergleichen Sie vorher genau die Konditionen der beiden Pensionskassen: Wer bietet den besseren Umwandlungssatz? Wie hoch sind die Witwen- oder Witwerrenten? Wer hat innerhalb des Paares die höhere*

VOR- UND NACHTEILE VON RENTEN- UND KAPITALBEZUG

	Vorteile	Nachteile
Rente	■ regelmässiges, sicheres Einkommen ■ wenig Aufwand ■ Rente auch für Hinterbliebene	■ Kapital nicht mehr verfügbar ■ nicht verbrauchtes Kapital bleibt im Todesfall bei der Kasse ■ steuerbares Einkommen ■ Inflationsausgleich ungewiss
Kapital	■ Geld flexibel verfügbar ■ nicht verbrauchtes Kapital für Erben ■ Steuer bei Auszahlung zu reduziertem Tarif	■ kein garantiertes Einkommen ■ aufwendige Vermögensverwaltung ■ Anlagerisiken (oder Kosten für Absicherung) ■ Langlebigkeitsrisiko

Lebenserwartung? Wie gesund sind die beiden Pensionskassen? Ein Deckungsgrad von über 100 Prozent gibt an, dass die Vorsorgeeinrichtung alle Verpflichtungen erfüllen kann und darüber hinaus Reserven hat. In einem schlechten Börsenjahr kann der Deckungsgrad um einige Prozent sinken. Erkundigen Sie sich bei Ihrer Vorsorgeeinrichtung nach den aktuellen Berechnungen.

TIPP *Wenn Sie nur einen Teil des Altersguthabens als Kapital beziehen, entnehmen Sie das Geld – wenn möglich – dem überobligatorischen «Topf». Die Rente ist in der Regel höher und besser gesichert, wenn sie aus dem obligatorischen Teil Ihres Pensionskassenguthabens stammt.*

So nutzen Sie die 3. Säule

Während des Erwerbslebens besteht die Möglichkeit, Sparbeiträge auf ein Konto der gebundenen Vorsorge 3a einzuzahlen. Die Beiträge sind limitiert: 2017 liegen sie bei 6768 Franken für Angestellte mit Pensionskasse und 33 840 Franken (maximal 20 Prozent des Einkommens), wenn Sie keiner Pensionskasse angehören. Die Beiträge können auf der Steuererklärung vom Einkommen abgezogen werden. Die Guthaben und Erträge der Säule 3a sind steuerfrei.

Frühestens fünf Jahre vor Erreichen des Rentenalters können diese Sparbatzen, die sich still und leise zu einem kleinen Schatz entwickelt haben, ins ordentliche Vermögen überführt werden. Erst jetzt wird eine Steuer fällig, allerdings zu einem reduzierten Steuersatz.

HINWEIS *Auch Erwerbstätige im AHV-Alter dürfen Beiträge auf ein Konto der gebundenen Vorsorge einzahlen und diese vom steuerbaren Einkommen abziehen. Nach maximal fünf Jahren oder bei Aufgabe der Erwerbsarbeit muss die 3. Säule aufgelöst werden.*

Umsteuern Sie die Steuern

Die Einkommenssteuer, die bei der Auszahlung von Vorsorgeguthaben fällig wird, lässt sich durch einen gestaffelten Bezug reduzieren. Achten Sie darauf, dass Sie Pensionskassenkapital und Guthaben aus der Säule 3a nicht im selben Jahr beziehen; das bricht die Progression. Wenn Sie mehrere 3a-Konten besitzen, können Sie diese in verschiedenen Jahren beziehen – auch so reduzieren Sie die Steuern.

HINWEIS *Achtung: Der gestaffelte Bezug ist kantonal sehr unterschiedlich geregelt. Einzelne Kantone berücksichtigen zum Beispiel beim Bezug sämtliche Vorsorgeguthaben für die Steuerberechnung. Erkundigen Sie sich beim Steueramt, was an Ihrem Wohnort gilt.*

Budget für die Zukunft

Der Wechsel vom Erwerbsleben in die nachberufliche Lebensphase verändert nicht nur die Einnahmenseite. Ein neuer Lebensstil mit viel Freizeit schafft auch neue Bedürfnisse und Auslagen. Vielleicht haben Sie vor, grosse Reisen zu unternehmen oder ein aufwendiges Hobby zu pflegen? Oder möchten Sie die Wohnsituation verändern, vom Haus in eine Wohnung umziehen, etwas renovieren oder neu einrichten?

TIPP *Nicht immer ist im Voraus klar, welche Wünsche sich verwirklichen lassen. Deshalb ist es sinnvoll, ein Budget mit zwei Ausgabenkolonnen zu erstellen: eine sparsame Minimal- und eine grosszügige Wunschvariante.*

Wenn Sie die Planungsschritte auf Seite 50 ausgeführt haben, wissen Sie, mit welchem Renteneinkommen Sie ungefähr rechnen können. Verschaffen Sie sich als nächstes einen Überblick über Ihre künftigen Vermögensverhältnisse. Dazu gehören:

- Vermögen in Form von Wertpapieren, Bankguthaben, Liegenschaften und Wertgegenständen, die sich bei Bedarf tatsächlich verkaufen lassen
- Guthaben aus der Pensionskasse, falls Sie sich diese als Kapital auszahlen lassen
- Guthaben von Konten der 3. Säule
- Auszahlung von Lebensversicherungen
- Erbschaften, mit denen Sie fest rechnen können

Diese Übersicht ist nützlich, denn eine Möglichkeit, künftige Einkommenslücken zu schliessen, ist ein dosierter Vermögensverzehr (mehr dazu auf Seite 68).

Machen Sie auch eine Liste Ihrer Schulden. Dazu gehören etwa Hypotheken, Privatschulden, überfällige Steuern oder Kleinkredite.

Umsichtig rechnen

Die jährlich oder monatlich wiederkehrenden Auslagen wie Versicherungsprämien, Miet- oder Hypothekarzins, Verkehrsabonnemente und TV-Gebühren sind rasch erfasst. Doch ist Ihnen bekannt, wie viel Geld Sie für Lebensmittel, Ausflüge oder ein Hobby ausgeben? Hier hilft ein Notizbuch (oder moderner: eine Excel-Tabelle), in das Sie täglich die entsprechenden Ausgaben eintragen. Vielleicht ziehen Sie es vor, während zwei oder drei Monaten alle Kassenzettel zu sammeln und sie am Schluss zu addieren. Einige Ausgabenposten zeigen von Jahr zu Jahr grosse Schwankungen: Die umfassende Zahnsanierung ist glücklicherweise nicht alltäglich, und auch Brillenanschaffungen oder Autoreparaturen belasten Ihr Portemonnaie nur in grösseren Abständen. Setzen Sie für diese Posten einen langfristigen Durchschnitt ein.

Vorsichtig kalkulieren

Im Zeitpunkt der Pensionierung stehen Entscheide an, die sich auf die nächsten zwanzig oder dreissig Jahre auswirken. Ein solcher Zeithorizont birgt zahlreiche Unsicherheiten und Unwägbarkeiten in sich:

- Wirtschaftswachstum/Teuerung: Ob die Renten langfristig mit dem Wirtschaftswachstum und der Teuerung Schritt halten werden, ist ungewiss. Wenn Sie einen Teil des Alterskapitals in Immobilien oder Aktien anlegen können, schaffen Sie ein Gegengewicht zur schleichenden Entwertung der Renten.
- Wenn Sie vorwiegend vom Kapitalverzehr leben, sind Sie von den Renditen des Kapitalmarktes abhängig. Ein Börsencrash kann die Aktienkurse im Extremfall für mehrere Jahre tauchen lassen. Eine breite Risikoverteilung (siehe Seite 66) ist deshalb wichtig.

BUCHTIPP

Im Anhang finden Sie ein Erhebungsblatt für die Budgetplanung, das auf die Lebensverhältnisse von Pensionierten abgestimmt ist. Ein elektronisches Erhebungsblatt zur Budgetplanung können Sie unter www.budgetberatung.ch herunterladen. Der Beobachter-Ratgeber **«Mit Geld richtig umgehen»** unterstützt Sie dabei, Ihre Finanzen unter Kontrolle zu halten und Engpässe zu bewältigen.

www.beobachter.ch/buchshop

- Krankheit: Eine schwere Krankheit oder Pflegebedürftigkeit verursacht trotz Krankenkasse hohe Kosten und erfordert manchmal Veränderungen der Wohnsituation und der gesamten Lebensweise. Für solche Notfälle ist es beruhigend, über eine angemessene Reserve zu verfügen.
- Für die Finanzplanung ist es sinnvoll, auch an den unvermeidlichen Tod zu denken: Kann zum Beispiel die überlebende Ehefrau mit einer reduzierten Rente im gewohnten Umfeld weiterleben? Ein separates Budget für jeden Ehegatten schafft Klarheit.

Unter dem Strich: Plus oder Minus?

Nachdem Sie einen ersten Budgetentwurf erstellt haben, zeigt sich, wie gross Ihr finanzieller Spielraum ist – oder ob Sie im Gegenteil den Gürtel enger schnallen müssen.

- **Variante Überschuss:** Wie legen Sie das nicht benötigte Geld sicher und ertragreich an? Haben Sie Kinder in der Familienphase, denen Sie mit einem Darlehen einen Wohnungs- oder Hauskauf erleichtern möchten? Planen Sie selber eine Hausrenovation oder eine neue Wohnungseinrichtung?
- **Variante Fehlbetrag:** Bestehen Möglichkeiten für zusätzliche Einkünfte, zum Beispiel durch eine Teilzeitarbeit? Verfügen Sie über Vermögen, das Sie allmählich verbrauchen können (sogenannter Vermögensverzehr)? Haben Sie Anrecht auf Ergänzungsleistungen?

Ausgaben reduzieren

Falls kein zusätzliches Einkommen in Aussicht steht, rückt die Ausgabenseite in den Mittelpunkt: Wo sind Einschränkungen möglich, die Ihre Lebensqualität am wenigsten beeinträchtigen?

Sparpotenzial gibts häufig beim Wohnen: Während der Familienphase ist meist mehr Wohnraum erforderlich als im Rentenalter. Die Wahl des Wohnortes war vielleicht gekoppelt an den Arbeitsort. Definieren Sie im Ruhestand den Wohnort neu: Eine Wohnung oder ein Haus auf dem Land ist wesentlich günstiger als in städtischen Zentren. Falls Sie einen Umzug in Betracht ziehen, beachten Sie auch die je nach Gemeinde und Kanton unterschiedliche Steuerbelastung.

Manchmal lässt sich auch bei Versicherungen etliches sparen. Viele Schweizerinnen und Schweizer sind sehr gut versichert. Prüfen Sie, ob Ihr

Versicherungsschutz Ihrer Lebenslage entspricht oder ob Sie Risiken versichert haben, die in Ihrer Situation gar keine Rolle (mehr) spielen. Achten Sie auch auf Selbstbehalte und Wartefristen – vielfach gibt es hier Sparpotenzial. Überprüfen Sie, allenfalls mit Unterstützung einer unabhängigen Fachperson, Ihre Versicherungsdossiers. Falls Sie vergleichsweise gesund sind und ein paar Tausend Franken als Notgroschen beiseitegelegt haben, können Sie bei der Grundversicherung der Krankenkasse mit höheren Franchisen und Selbstbehalten Geld sparen.

Autos sind teuer – Alternativen sind oft nicht nur billiger, sondern auch erholsamer. Wenn Sie nach der Pensionierung mehr Zeit haben, möchten Sie sich vielleicht auch häufiger zu Fuss oder mit dem Velo bewegen. Schreiben Sie auf, welche Strecken Sie in einem Monat in der Regel zu überwinden haben und welche Verkehrsmittel dafür zur Verfügung stehen. Wie könnten Sie Ihre Mobilitätsbedürfnisse allenfalls auch mit dem öffentlichen Verkehr und/oder einem gemeinschaftlich genutzten Auto abdecken (www.mobility.ch)?

CHANCE *Dass das Einkommen nach der Pensionierung in der Regel geringer ist, überrascht nicht. Als freudige Überraschung folgt im nächsten Jahr dafür eine niedrigere Steuerrechnung. Und als kleinen Trost erhalten Menschen im AHV-Alter einige Vergünstigungen wie zum Beispiel Rabatte auf Bahnabonnementen oder günstigere Kinoeintritte.*

Frühpensionierung – finanzielle Voraussetzungen

Im zweiten Kapitel ging es um die Frage nach dem individuell richtigen Zeitpunkt für die Pensionierung (Seite 29). Wenn Sie den Wunsch hegen, sich vor dem ordentlichen Rentenalter pensionieren zu lassen, stellt sich aber vor allem die Frage, ob und wann Sie sich dies finanziell leisten können. Um dies zu beurteilen, sollten Sie zwei Budgets erstellen: eins für die Zeit zwischen Ihrer Frühpensionierung und dem ordentlichen Rentenalter, und eins für die Zeit danach. Beachten Sie dabei, dass Ihre Renten (AHV, Pensionskasse) bei einem Vorbezug gekürzt werden.

Um das fehlende Erwerbseinkommen in den Jahren bis zum ordentlichen Rentenalter zu ersetzen, stehen Ihnen verschiedene Möglichkeiten offen:

- Sie können Vermögen – zum Beispiel Guthaben aus der 3. Säule – aufzehren. Frauen erhalten ab Alter 59 und Männer ab 60 Zugriff auf ihr Sparkapital der 3. Säule.
- Vielleicht besitzen Sie ein Haus oder eine Eigentumswohnung mit einer geringen Hypothekarlast. In diesem Fall können Sie die Hypotheken erhöhen – falls die Bank mitmacht. Ihre jährliche Zinsbelastung steigt dadurch allerdings.
- Sie können eine Pensionskassenrente vorzeitig beziehen, wenn das Pensionskassenreglement dies zulässt und Sie Ihren Entscheid termingerecht der Pensionskasse mitgeteilt haben. In diesem Fall wird die Rente jedoch lebenslänglich gekürzt. Denn einerseits zahlen Sie weniger lang Beiträge in die Kasse ein, und andererseits beziehen Sie länger eine Rente. So kommt weniger Kapital zusammen, das in eine Rente umgewandelt werden kann.
- Sie können den Bezug der AHV-Rente um ein oder zwei Jahre vorziehen, was ebenfalls eine entsprechende Reduktion bewirkt.

Viele dieser Schritte erfordern zeitaufwendige Abklärungen, Anmeldungen und Verhandlungen. Umso wichtiger ist eine frühzeitige Planung!

HINWEIS *Einige Arbeitgeber (öffentliche Dienste, Banken, Versicherungen und Grossunternehmen) gehen von einer ordentlichen Pensionierung mit 60, 62 oder 63 Jahren aus. Ihre Pensionskassen sind mit Überbrückungsrenten für die Zeit bis zum gesetzlichen AHV-Alter ausgestattet. So ist der frühere Ausstieg aus dem Berufsleben finanziell gut gesichert. Diese Überbrückungsrenten sind allerdings kein Geschenk: Die Versicherten haben in der Regel mit besonderen Beiträgen während der Berufstätigkeit einen Teil an die erforderlichen Kapitalien beigesteuert.*

Erwerbstätigkeit im Rentenalter

Eine kleine Minderheit – vor allem Selbständigerwerbende – bleibt aus Freude an der Berufsarbeit im Rentenalter berufstätig. Dazu kommen Personen mit bescheidenem Einkommen, die ihre spärlichen Einkünfte im Alter durch Erwerbstätigkeit aufbessern. Angesichts der demografischen Alterung ist eine freiwillige Verlängerung der Arbeitszeit zwar hochwillkommen, das Sozialversicherungssystem behindert die fleissigen Pioniere zurzeit allerdings noch mehrfach:

■ Auch wer bereits eine AHV-Rente bezieht, bleibt für sein Erwerbseinkommen beitragspflichtig; die Beiträge tragen jedoch nichts mehr zur Erhöhung der Rente bei. Immerhin gilt ein Freibetrag von 1400 Franken im Monat oder 16 800 Franken jährlich. Bei mehreren Arbeitgebern lässt sich der Freibetrag kumulieren.

■ Die Verbindung von Renten und Erwerbseinkommen bewirkt bei der Einkommenssteuer einen erhöhten Steuerfuss. Sie können jedoch die AHV-Rente aufschieben (siehe Seite 55) und dadurch die Steuerprogression reduzieren.

■ Pensionskassenrenten werden spätestens mit Alter 65 fällig; wenige Reglemente erlauben den Aufschub des überobligatorischen Anteils.

CHANCE *Der Bundesrat hat diese Hindernisse erkannt und die Absicht erklärt, die Rentnerarbeit attraktiver zu gestalten. So soll es in Zukunft möglich sein, Teilrenten zu beziehen und mit Altersarbeit die Renten aufzustocken.*

Ihr Geld nach der Pensionierung

Wenn Sie ein Budget erstellt haben, wissen Sie, wie viel Geld Sie für Ihr tägliches Leben brauchen und wie viel Vermögen Sie anlegen können. Ihre Risikobereitschaft und der richtige Anlagemix sind für die Planung ausschlaggebend.

Im Internet blinken rote Sterne und machen auf eine «todsichere Vermögensanlage mit Superrendite» aufmerksam. Da sollten auch bei Ihnen rote Warnlämpchen aufleuchten! Aussergewöhnliche Renditen sind nämlich immer die Entschädigung für entsprechend hohe Risiken. Niemand zahlt Ihnen für eine sichere Kapitalanlage freiwillig einen besonders hohen Zins.

Risiko oder Sicherheit

Am Anfang jeder Vermögensanlage steht die Frage: Muss das Kapital möglichst sicher angelegt werden, oder soll es einen möglichst hohen Ertrag abwerfen?

Gehören Sie zur Mehrheit der jungen Rentnergeneration, die den gewohnten Lebensunterhalt dank einer guten Pensionskassenrente aufrechterhalten kann? Dann ist es sinnvoll, allfälliges Vermögen in angemessenen Teilen für verschiedene Verwendungszwecke anzulegen:

- Kurzfristig verfügbares Geld auf einem Bank- oder Postkonto für unvorhergesehene Auslagen (Reparaturen, Krankheit, spontane Reise)
- Anlagen auf Festgeldkonten oder in Obligationen mit gestaffelter Laufzeit für längerfristig planbare Vorhaben (Hausrenovation, Autokauf, Erbvorbezug der Kinder)
- Langfristige Anlagen als Vorsorge für den Pflegefall oder für die Erben. Hier ist dank dem zehn- bis zwanzigjährigen Anlagehorizont auch ein Aktienanteil mit höherem Ertragspotenzial denkbar.

TIPP *Gestalten Sie die Anlage Ihres Vermögens in Zusammenarbeit mit einer Fachperson. Dies kann eine Vertrauensperson bei Ihrer Bank oder ein unabhängiger Vermögensberater sein.*

Lohnen sich Leibrenten?

Verfügen Sie über ein grösseres Vermögen, sind jedoch – zum Beispiel als Selbständigerwerbende – keiner Pensionskasse angeschlossen? Dann fragen Sie sich vielleicht, ob es sinnvoll ist, Kapital in eine regelmässige Rente zu verwandeln.

Viele Versicherungsgesellschaften führen Leibrentenversicherungen in ihrem Angebot. Als Kundin oder Kunde zahlen Sie Kapital ein und erhalten dafür eine lebenslängliche Rente. Das ist bequem, denn die Mühen und Risiken der Geldanlage haben Sie nun an Profis delegiert. Regelmässig fliesst die vereinbarte Rente auf Ihr Konto. In Phasen guter Kapitalmarktrenditen erhalten Sie zusätzliche Überschüsse – doch Vorsicht, diese sind nicht garantiert. Falls Sie schon nach wenigen Jahren sterben, erhalten Ihre Erben einen Teil des nicht verbrauchten Kapitals. Die Dauer dieser sogenannten Rückgewähr wird vertraglich festgelegt. Umgekehrt trägt die Versicherungsgesellschaft das Risiko Ihrer Langlebigkeit – also der Chance, dass Sie bei guter Gesundheit Ihren 95. Geburtstag feiern.

Natürlich lassen sich die Versicherungsgesellschaften für ihre Dienstleistungen grosszügig entlöhnen. Pensionskassen erweisen sich im Vergleich zu Leibrenten meistens als günstiger. Es lohnt sich kaum, Pensionskassenkapital auszahlen zu lassen und in eine Leibrentenversicherung zu stecken.

TIPP *Wer keine Pensionskasse hat, gesund ist und – zum Beispiel als Selbständigerwerbender – über ein grösseres Vermögen verfügt, das er oder sie nicht selber verwalten will, sollte eine Leibrentenlösung prüfen. Ehepaare können auch eine Rente auf zwei Leben abschliessen, dann laufen die Zahlungen nach dem Tod eines Partners weiter.*

Holen Sie Konkurrenzofferten ein. Lassen Sie sich genau berechnen, wie viel Rente Sie garantiert erhalten werden, wie viele Jahre die Rückgewähr dauert, wie hoch die Rückgewährsumme (also die Auszahlung an Ihre Erben im Todesfall) zum Beispiel nach zehn Jahren sein wird und wie viel Überschüsse prognostiziert sind. Wenn Sie keine Erben begünstigen wollen, verzichten Sie auf eine Rückgewähr. Sie erhalten dafür eine höhere Rente.

Beachten Sie die steuerlichen Auswirkungen: Die ausgezahlten Leibrenten müssen Sie zu 40 Prozent versteuern.

Das Vermögen gezielt verbrauchen

In den Familien der alten Basler Oberschicht, des «Daigg», gab es eine Todsünde: Wer nicht mehr von den Zinsen oder Dividenden leben konnte und das Kapital angreifen musste, stand mit einem Bein in der Vorhölle des Bankrotts. Mit solchen Standesdünkeln belasten sich zum Glück die wenigsten angehenden Pensionierten. Viele Selbständigerwerbende ohne Pensionskasse oder Personen, die sich das Alterskapital der Pensionskasse auszahlen lassen, planen einen allmählichen Kapitalverzehr. Dabei stellen sich zwei Fragen, die nur mit statistischen Erfahrungswerten zu beantworten sind: Wie lange muss das Kapital reichen, und mit welcher Rendite ist zu rechnen?

Ein 65-jähriger Mann darf mit einer statistischen Lebenserwartung von weiteren 19 Jahren rechnen, eine Frau sogar mit 22 Jahren. (Die Versicherungsbranche rechnet mit etwas grosszügigeren Lebenserwartungen als das Bundesamt für Statistik.) Wenn Sie gesund sind, besteht – versicherungstechnisch gesprochen – ein Langlebigkeitsrisiko: Sie können gut und gerne 90 werden. Ihre individuelle Lebenserwartung können Sie ermessen, indem Sie im Internet Angaben über Ihren Lebensstil, Alter der Vorfahren, Grösse und Gewicht in ein Formular eingeben (www.gesundheit.ch/test/). Wenn Sie eine grössere Einkommenslücke durch Vermögensverzehr decken müssen, sollten Sie bei der Lebenserwartung zur Sicherheit mindestens fünf Jahre hinzufügen.

SEBASTIAN A. HAT ALS HANDWERKSMEISTER bis 68 gearbeitet. Seine Lebenserwartung beträgt zu diesem Zeitpunkt etwa 16 Jahre. Sein Vermögen muss also für 21 Jahre reichen. Seine Ehefrau Rosmarie ist 64 und darf noch mit 23 Lebensjahren rechnen. Vorzusehen ist wiederum ein Sicherheitspolster für fünf Jahre. Also sollte das Vermögen nicht vor 28 Jahren aufgebraucht sein.

HINWEIS *Im Internet finden Sie Berechnungstabellen, mit denen Sie ermitteln können, wie viel Vermögen Sie brauchen, um mit einer bestimmten Rendite eine langfristige Einkommenslücke zu schliessen (www.123-pensionierung.ch/de/berechnen/einkommensluecke).*

Nachdem Sie abgeschätzt haben, wie lange Sie eine Einkommenslücke durch Vermögensverzehr decken müssen, stellt sich die Frage nach dem erforderlichen Kapital. Da es über einen sehr langen Zeitraum auf einer Bank angelegt bleibt, ist die erzielte Rendite von grosser Bedeutung.

 RENATE B. HAT AN IHREM 64. GEBURTSTAG ein Vermögen von 500 000 Franken. Ihr Budget zeigt einen jährlichen Fehlbetrag von 20 000 Franken, den sie durch die Verzinsung und den Verzehr ihres Vermögens decken will. Die folgende Tabelle zeigt den Einfluss unterschiedlicher Renditen auf den Kapitalbedarf:

Rendite	jährlicher Vermögensverzehr während 30 Jahren	erforderliches Kapital
1 %	20 000 Franken	516 154 Franken
2 %	20 000 Franken	447 929 Franken
3 %	20 000 Franken	392 008 Franken
4 %	20 000 Franken	345 840 Franken

Die Rentnerin hat also – auch mit einer bescheidenen Rendite – genügend Reserven.

Sinnvolle Etappenplanung

Bestimmt werden Sie sich fragen, mit welcher Renditeerwartung Sie langfristig rechnen dürfen. Da niemand die Zukunft voraussehen kann, müssen Erfahrungen der Vergangenheit und aktuelle Beobachtungen der Finanzmärkte ausgewertet werden. Es gilt:

- Kurzfristige Anlagen rentieren schlechter als langfristige.
- Höhere Renditen sind verknüpft mit höheren Risiken.
- Investitionen in Sachwerte (z. B. Aktien, Immobilien) bringen langfristig mehr ein als Geldanlagen (z. B. Sparkonten oder Obligationen).

Die meisten Anlageberater empfehlen deshalb für Pensionierte eine zwei- oder dreistufige Anlage, die hohe Sicherheit und gute Rendite optimal verbindet: In die erste und zweite Tranche kommt das Geld für die nächsten zehn Jahre, aufgeteilt in sofort verfügbares Bargeld (Spar-, Depositen- oder Festgeldkonten) für die ersten drei, vier Jahre sowie Obligationen für die restlichen Jahre. Die Laufzeiten der Obligationen sind so abzustufen, dass Sie Jahr für Jahr wieder Nachschub an Bargeld erhalten.

In der dritten Tranche lagert das Vermögen, das Sie erst in zehn oder zwanzig Jahren verbrauchen werden. Dank dem langfristigen Anlagehorizont ist hier eine Anlage in Aktien möglich. Mit Aktien erzielen Sie langfristig die beste Rendite (in der Vergangenheit zwischen 5 und 7 Prozent). Eine gute Sicherheit bieten Ihnen Aktienfonds mit einer breiten Streuung der Risiken auf verschiedene Wirtschaftsregionen und Branchen.

HERBERT K. teilt sein zum Verzehr bestimmtes Vermögen in zwei Teile. 300 000 Franken sind auf Konten und in Obligationen angelegt, die zurzeit fast keine Rendite erbringen. Weitere 300 000 Franken sind in Aktienfonds investiert. Bei jährlich drei Prozent Wachstum sind diese Fonds in zehn Jahren 403 000 Franken wert!

Falls Sie Ihren Ruhestand zu einem wesentlichen Teil mit Vermögensverzehr finanzieren möchten, sollten Sie Ihre Planung unbedingt mit einer Fachperson entwickeln oder mindestens überprüfen lassen. Die meisten Banken und viele Beratungsfirmen bieten Finanzplanung für Rentnerinnen und Rentner an.

Vorsicht beim Amortisieren von Hypotheken

Die Pensionierung ist oft verbunden mit einem beträchtlichen Geldsegen, vor allem, wenn Sie sich Ihr Pensionskassenkapital auszahlen lassen und zudem Mittel der gebundenen Sparvorsorge, der Säule 3a, zur Verfügung stehen. Da liegt es nahe, Schulden abzubauen. Wer Hypotheken zurückzahlt, sollte aber bedenken, dass sich dies im Notfall nicht so leicht rückgängig machen lässt: Wenn Sie Ihre Hypothek wieder aufstocken möchten, etwa weil Sie ein Enkelkind im Studium unterstützen oder ein neues Auto kaufen wollen, wird die Bank Ihre Zahlungsfähigkeit neu prüfen. Mit einem reduzierten Einkommen könnte die früher problemlos gewährte Hypothek nun plötzlich als «finanziell nicht tragbar» gelten. Achten Sie deshalb vor der Rückzahlung darauf, dass Sie für unerwartete Ausgaben eine ausreichende, rasch griffbereite Reserve zur Verfügung haben. Ausserdem ist es möglich, dass die Bank ein Aufstocken der Hypothek nur für zweckgebundene Ausgaben bewilligt, also zum Beispiel für eine Küchenrenovation, nicht aber für den Kauf eines Autos.

Notgroschen für alle Fälle

Ein finanzielles Sicherheitspolster ist im Rentenalter aus verschiedenen
Gründen unentbehrlich:

- Die gesundheitlichen Risiken nehmen im Alter zu (Augenoperationen,
  Brillen, Hörgeräte, Gebisssanierungen, Spitalaufenthalte). Auch wenn
  die Krankenkasse für den Grossteil aufkommt: Franchisen und Selbstbehalte können sich zu einer erklecklichen Summe zusammenläppern.
- Pensionierte sind für viele Verkäufer und Wohnungsvermieter weniger
  kreditwürdig als Erwerbstätige.
- Das individuelle Sicherheitsbedürfnis steigt meistens mit zunehmendem Alter.

TRUDI UND IHR MANN FREDY lebten bisher von ihren Renten
nicht schlecht. Vermögen konnten sie allerdings nie bilden. Als
sich Fredy einer aufwendigen Zahnbehandlung unterziehen musste und
Trudi zwei teure Hörgeräte brauchte, waren die bescheidenen Ersparnisse aufgebraucht. Kürzlich gab auch noch das alte Auto den Geist auf
– und der langjährige Kundenberater der Autogarage verweigerte den
Kauf eines Neuwagens auf Abzahlung. «Junge können gut von der Hand
in den Mund leben», resümiert Trudi, «im Alter braucht man jedoch
ein gutes Polster.» Statt einem teuren Auto haben die beiden nun Abos
des öffentlichen Verkehrs.

HINWEIS *Mit einer finanziellen Reserve von etwa 30 000
Franken schlafen Sie ruhiger und sind für unerwartete Auslagen
gewappnet.*

Versicherungen überprüfen

Mit der Pensionierung ändern sich wesentliche Lebensgrundlagen. Überprüfen Sie deshalb alle Ihre Versicherungen – am besten mit einer unabhängigen Fachperson. So erkennen Sie auch Sparpotenzial. Die folgenden
Hinweise zeigen Ihnen, wo Handlungsbedarf bestehen könnte:

- Viele Unternehmen bieten den Mitarbeitenden günstige Kollektivver-
  träge bei Krankenkassen. Können Sie davon auch im Rentenalter pro-

fitieren? Wenn nicht, kümmern Sie sich rechtzeitig um einen möglichst günstigen Übertritt.

- Als Angestellte waren Sie bisher auch gegen Nichtbetriebsunfall versichert. Wenn Sie dieses Risiko bei Ihrer Krankenkasse sistiert hatten, müssen Sie mit dem Eintritt in den Ruhestand die Unfallversicherung wieder aktivieren.
- Künden Sie allfällige Krankentaggeld- und Erwerbsunfähigkeitsversicherungen.
- Wer nach der Pensionierung den Gürtel enger schnallen muss, findet möglicherweise bei teuren Privatpatienten-Versicherungen eine Einsparmöglichkeit.
- Einzelne Versicherungsgesellschaften gewähren Personen über 60 auf Hausrat- und Haftpflichtversicherungen Rabatte.
- Durch die Aufgabe einer selbständigen Erwerbstätigkeit reduzieren sich berufsbedingte Haftpflichtrisiken – zum Beispiel für Ärzte, Anwälte oder Handwerker.

Pflegeversicherung ja oder nein?

Grosse Sorgen bereitet vielen Menschen der Gedanke an die letzten Lebensjahre. Auch wenn lediglich ein Fünftel der über 80-Jährigen in einem Pflegeheim lebt – der Aufenthalt dort ist teuer. Die Krankenkassen finanzieren nur einen Teil der Pflegekosten. Die Kosten für Unterkunft, Essen und Betreuung, die von den Pensionären und Pensionärinnen zu bezahlen sind, betragen monatlich rasch einige Tausend Franken. Durchschnittliche Einkommen reichen deshalb oft nicht aus. Wer Vermögen hat, muss jährlich – je nach kantonaler Regelung – 10 bis 20 Prozent davon aufzehren. Bei einer Mehrheit der Bewohnerinnen von Pflegeheimen decken Ergänzungsleistungen die Finanzierungslücke. Private Pflegeversicherungen sind für Menschen in bescheidenen und durchschnittlichen finanziellen Verhältnissen teuer und wenig sinnvoll. Bei wohlhabenden Personen reduzieren sie im Pflegefall den Vermögensverzehr.

Falls Sie den Abschluss einer Pflegeversicherung ins Auge fassen, klären Sie folgende Punkte genau ab:

- Gibt es Wartefristen und zeitliche Einschränkungen für Leistungen?
- Übernimmt die Versicherung auch Leistungen zu Hause (Pflege durch

Angehörige oder privat angestelltes Personal ohne Spitex-Anerkennung)?
■ Macht die Versicherung Vorbehalte aufgrund Ihres Gesundheitszustandes?

Wenn das Einkommen nicht reicht

Renten und Vermögen reichen nicht immer, um den Lebensunterhalt im Alter zu bestreiten – auch wenn jemand noch so sparsam haushaltet. Rund sieben Prozent der Personen, die gegenwärtig ins AHV-Alter kommen, beziehen Ergänzungsleistungen (EL). Dieser Anteil steigt auf rund 20 Prozent bei den über 80-Jährigen. Wenn jemand die letzte Lebensphase in einem Pflegeheim verbringt, übersteigen die Kosten häufig auch mittelständische Renten. In diesen Fällen kommen Ergänzungsleistungen zum Zug.

Ergänzungsleistungen

Niemand soll hungern: Die schweizerische Bundesverfassung enthält den edlen Vorsatz, dass die AHV-Renten «den Existenzbedarf angemessen decken» sollen. Weil dies fast nie der Fall ist, wurden die Ergänzungsleistungen eingerichtet. Ergänzungsleistungen haben nichts mit Almosen oder Fürsorgegeld zu tun. Wenn alle Voraussetzungen erfüllt sind, besteht darauf ein Rechtsanspruch.

> **BUCHTIPP**
>
> Alle Fragen zu den Ergänzungsleistungen beantwortet der Beobachter-Ratgeber **«Ergänzungsleistungen. Wenn die AHV oder IV nicht reicht».**
>
> www.beobachter.ch/buchshop

 HINWEIS Wenn Sie in bescheidenen Verhältnissen leben, scheuen Sie sich nicht, Ihre EL-Berechtigung abzuklären. Auf der Website www.pro-senectute.ch (→ Angebote → Berechnung Ergänzungsleistungen zur AHV) stellen Sie rasch fest, ob Sie Anspruch auf Ergänzungsleistungen haben. Informationen erhalten Sie auch durch das Merkblatt «Ihr Recht auf Ergänzungsleistungen zur AHV und IV» der AHV/IV-Informationsstelle (www.ahv-iv.info → Merkblätter → Ergänzungsleistungen zur AHV und IV).

Folgende Ausgaben werden für Personen anerkannt, die zu Hause leben:
■ Für den allgemeinen Lebensbedarf erhalten Alleinstehende 19 290 und Ehepaare 28 935 Franken im Jahr.

- Für die Wohnkosten anerkennt die EL-Behörde maximal 13 200 Franken, für Ehepaare 15 000 Franken.
- Dazu kommen die Auslagen für die Krankenkasse in Höhe der kantonalen Durchschnittsprämien.

Diese Ausgaben werden mit den Einnahmen verrechnet. Verfügt jemand über Vermögen jenseits der Freigrenze von 37 500 Franken für Einzelpersonen und 60 000 für Ehepaare, so wird ein Zehntel davon als Einkommen eingesetzt.

BEISPIEL: ALLEINSTEHENDER EL-BEZÜGER ZU HAUSE

Ausgaben

Allgemeiner Lebensbedarf	Fr.	19 290.—
Bruttomietzins, maximal	Fr.	13 200.—
Krankenkassenprämien[1]	Fr.	4 300.—
Total	**Fr.**	**36 790.—**

Einnahmen

AHV-Rente	Fr.	14 100.—
Leistung der Pensionskasse	Fr.	6 600.—
Vermögensertrag	Fr.	800.—
Vermögensverzehr	Fr.	1 500.—
Total	**Fr.**	**23 000.—**

Ergänzungsleistung

Ausgaben	Fr.	36 790.—
Abzüglich Einnahmen	Fr.	– 23 000.—
Jährliche EL	Fr.	13 790.—
Monatliche EL	**Fr.**	**1 149.—**

[1] Unterschiedliche Beträge in den Kantonen.

Hilflosenentschädigung und Pflegebeiträge

Menschen, die eine AHV-Rente beziehen, haben Anspruch auf eine zusätzliche Hilflosenentschädigung, wenn sie während mindestens einem Jahr in ihren alltäglichen Lebensverrichtungen (Ankleiden, Toilette, Essen usw.) dauernd auf Fremdhilfe angewiesen sind. Die Hilflosenentschädigung ist nicht von Einkommen oder Vermögen abhängig. Sie ist abgestuft nach dem Grad der Hilflosigkeit und beträgt maximal 940 Franken im Monat.

TIPP *Einzelne Kantone und Gemeinden unterstützen die Betreuung von Angehörigen mit «Beiträgen an die Pflege zu Hause». Erkundigen Sie sich bei der lokalen Beratungsstelle von Pro Senectute (www.pro-senectute.ch) oder auf der Gemeindeverwaltung.*

Sozialhilfe

Die Altersvorsorge ist stark abhängig vom Erwerbseinkommen vor der Pensionierung. Personen mit einem über lange Zeit bescheidenen Einkommen (zum Beispiel Alleinerziehende und Teilzeitarbeitende) erhalten Renten, die für die Lebenskosten nicht ausreichen. In der Regel decken die Ergänzungsleistungen die Lücke. Reichen diese nicht aus, springt die Sozialhilfe ein.

> **BUCHTIPP**
> Detaillierte Informationen finden Sie im Beobachter-Ratgeber **«Wenn das Geld nicht reicht. So funktionieren die Sozialversicherungen und die Sozialhilfe».**
> www.beobachter.ch/buchshop

Erbrecht: gut zu wissen

Mit dem Ausscheiden aus dem Berufsleben melden sich vielleicht vermehrt Gedanken an die Endlichkeit des Daseins. Wenigstens in materieller Hinsicht können Sie auch hier vorsorgen: Regeln Sie Ihren Nachlass rechtzeitig – und vermeiden Sie mit dieser Massnahme Streit unter den Erben.

Das Schweizerische Zivilgesetzbuch (ZGB) regelt, wer nach dem Tod eines Menschen dessen Hab und Gut erbt. Es lässt aber Raum für individuelle Gestaltung. Nachfolgend finden Sie die wichtigsten gesetzlichen Regeln sowie Anregungen und Tipps für die Umsetzung persönlicher Bedürfnisse.

Wenn Kinder da sind

Hinterlässt die verstorbene Person Nachkommen, also Kinder und Kindeskinder, bilden diese die Erbengemeinschaft. Hinterlässt der Verstorbene einen Ehepartner, gehört dieser ebenfalls dazu. Der überlebende Ehegatte erhält die Hälfte des Nachlasses, die andere Hälfte geht zu gleichen Teilen an die Kinder. Ist ein Kind vorverstorben, treten seine Nachkommen an seine Stelle. Verwandte des elterlichen oder grosselterlichen Stammes sind ausgeschlossen.

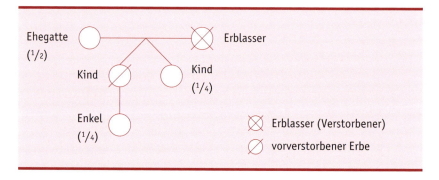

Wenn keine Kinder da sind

Fehlen Nachkommen, gehören Mutter und Vater zur Erbengemeinschaft. Sie erben je zur Hälfte. Ist ein Elternteil verstorben, geht das Erbe weiter an die Nachkommen, also an die Geschwister und Halbgeschwister des Erblassers. An die Stelle eines vorverstorbenen Geschwisters treten wie-

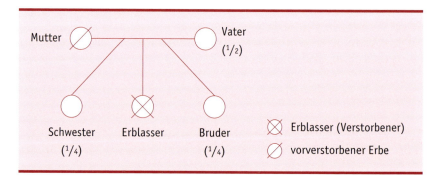

derum dessen Kinder, also Neffen und Nichten. War der Erblasser verheiratet, gehört auch der überlebende Ehegatte dazu. Er erhält drei Viertel der Erbschaft, der Stamm der Eltern total einen Viertel.

HINWEIS *Nicht zu den gesetzlichen Erben gehören der geschiedene Ehegatte, Lebenspartner, Stiefkinder, Stiefeltern, Stiefgeschwister, Schwiegereltern und Verschwägerte.*

CHANCE *Haben Sie keine Ihnen nahestehenden Erben oder möchten Sie diesen nicht Ihr ganzes Vermögen hinterlassen? Setzen Sie im Testament eine von Ihnen bevorzugte soziale oder kulturelle Institution als Erbin ein. So können Sie über Ihren Tod hinaus etwas Positives bewirken.*

Erben und ihre Pflichtteile

In einem Testament können Sie Personen oder Institutionen als Erben einsetzen und auch einzelne gegenüber anderen gesetzlichen Erben bevorzugen. In den meisten Familien ist die Verfügungsfreiheit allerdings durch Pflichtteile eingeschränkt. Anspruch auf einen Pflichtteil haben von Gesetzes wegen die Ehefrau bzw. der Ehemann, eingetragene Partner und Partnerinnen, die Kinder und die Eltern.

Das Gesetz bestimmt die Höhe des Erbteils der gesetzlichen Erben. Diese gesetzlichen Erbteile dürfen Sie bei den Pflichtteilserben nur beschränkt verkleinern: bei Nachkommen um einen Viertel, bei der Ehefrau oder dem eingetragenen Partner und den Eltern um die Hälfte. Man nennt das «auf den Pflichtteil setzen». Der Pflichtteil ist also jener Teil des gesetzlichen Erbteils, den Sie Ihren Pflichtteilserben nicht entziehen dürfen.

Die Differenz zwischen gesetzlichem Erbteil und Pflichtteil heisst frei verfügbare Quote. Wie der Name sagt, können Sie darüber nach Belieben verfügen. Je nach Zusammensetzung der Erbengemeinschaft ist diese Quote unterschiedlich hoch. Eine Übersicht finden Sie im Anhang.

HINWEIS *Verletzen Sie Pflichtteile, ist Ihr Testament deswegen noch nicht ungültig. Denn fechten die Betroffenen die Pflichtteilsverletzung nicht fristgerecht an, so gelten Ihre Anordnungen trotzdem.*

Erbvorbezug und Schenkung

Mit einem Erbvorbezug können Sie zum Beispiel Ihren Kindern schon zu Lebzeiten unter die Arme greifen. Sie sind dazu aber in keiner Weise verpflichtet. Idealerweise erhalten alle Kinder gleich viel oder sind darüber informiert, dass ein Geschwister mehr bekommt und dass nach dem Tod ausgeglichen wird.

HINWEIS *Halten Sie alle Vorbezüge schriftlich fest, zum Beispiel: «Mein Sohn Peter hat am 2. Mai 2011 einen Erbvorbezug über 10 000 Franken erhalten. Diese Summe hat er nach meinem Tod gegenüber seiner Schwester Ursula auszugleichen.» Versehen Sie dieses Schriftstück mit dem Datum und Ihrer Unterschrift.*

Haben nicht alle Kinder gleich viel erhalten, wird nach dem Tod der Eltern abgerechnet. Unter den Nachkommen sind Erbvorbezüge immer auszugleichen. Um einen Erbvorbezug handelt es sich, wenn er klar als solcher bezeichnet ist. Ist nichts vermerkt, spricht man von Schenkung.

Im Gegensatz zum Erbvorbezug ist eine Schenkung nur auszugleichen, wenn es die Eltern ausdrücklich so bestimmt haben oder wenn die Schenkung Ausstattungscharakter hatte, das heisst der Existenzsicherung oder -verbesserung diente. Das ist beispielsweise der Fall, wenn ein Kind mit der geschenkten Summe Schulden bezahlt, ein Eigenheim finanziert oder das Geld in ein eigenes Geschäft steckt.

HINWEIS *Wollen Sie alle Ihre Kinder im Erbfall gleich behandelt wissen, legen Sie schriftlich fest, dass die erhaltenen Vermögenswerte als Erbvorbezug gelten und daher auszugleichen sind.*

Schenkungen und Erbvorbezüge müssen versteuert werden. Details dazu finden Sie auf Seite 86.

Streit unter den Erben vermeiden

Neben dem Verlust eines geliebten Menschen auch noch mit Konflikten in Erbfragen fertigwerden – das ist für die Angehörigen hart. Mit einem Erbvertrag oder einem Testament können Sie das Streitpotenzial erheblich reduzieren.

Gemeinsam mit den Erben: der Erbvertrag

Ein Erbvertrag erlaubt eine ganz auf die familiäre Situation zugeschnittene Regelung. Besonders in Patchworkfamilien, also wenn Kinder aus erster Ehe da sind oder wenn die Partner nicht heiraten, bietet der Erbvertrag mehr Spielarten als etwa ein Testament oder ein Ehevertrag. Im Erbvertrag können Sie gemeinsam mit Ihren Erben zum Voraus verbindlich festlegen, wie Ihr Nachlass dereinst geteilt wird. Pflichtteilsgeschützte Erben können sogar teilweise oder ganz auf ihren Pflichtteil verzichten.

Wer einen Erbvertrag machen will, muss zu einem Notar. Alle Erben müssen unterschreiben. Dafür müssen sie volljährig, also mindestens 18 Jahre alt sein.

Im Erbvertrag getroffene Vereinbarungen können Sie nur mit Einwilligung der anderen Vertragspartner aufheben. Sind alle mit der Aufhebung einverstanden, reicht ein gemeinsamer schriftlicher Vertrag.

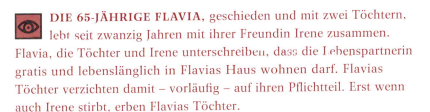 **DIE 65-JÄHRIGE FLAVIA,** geschieden und mit zwei Töchtern, lebt seit zwanzig Jahren mit ihrer Freundin Irene zusammen. Flavia, die Töchter und Irene unterschreiben, dass die Lebenspartnerin gratis und lebenslänglich in Flavias Haus wohnen darf. Flavias Töchter verzichten damit – vorläufig – auf ihren Pflichtteil. Erst wenn auch Irene stirbt, erben Flavias Töchter.

Allein entscheiden: das Testament

Das Testament hat den Vorteil, dass Sie es in aller Ruhe und ohne Mitwirkung Ihrer Erben verfassen können. Darin können Sie einseitig vorsorgen, Teilungsregeln aufstellen oder den Anrechnungswert einzelner Erbschaftsgegenstände bestimmen. Beachten Sie immer die Pflichtteile.

Damit es gültig ist, müssen Sie das Testament von Anfang bis Ende von Hand niederschreiben, datieren und unterschreiben. Ehegatten können kein gemeinsames Testament aufsetzen. Wollen sie sich gegenseitig begünstigen, muss jeder ein eigenes, handgeschriebenes Testament verfassen (Muster im Anhang).

HINWEIS *Hinterlegen Sie Ihr Testament an einem Ort, an dem es nach Ihrem Tod schnell gefunden wird. Sie können Ihren letzten Willen auch amtlich hinterlegen.*

Menschen, die Mühe haben, von Hand zu schreiben, oder das Formulieren ihrer Wünsche lieber Experten überlassen, können ein öffentliches Testament errichten. Öffentlich heisst hier nicht, dass die Allgemeinheit von Ihrem letzten Willen erfährt. Es bedeutet lediglich, dass es nach Ihren Wünschen und in Ihrem Beisein vom Notar aufgesetzt und von ihm und zwei Zeugen, meistens Notariatsangestellten, beurkundet wird. Die beiden Testamentsarten unterscheiden sich nur in der Form. Die eine hat nicht mehr Gewicht als die andere.

Um sicherzugehen, dass das Testament durchgesetzt wird, können Sie einen Willensvollstrecker einsetzen. Das kann ein Erbe sein, zum Beispiel der überlebende Ehegatte, oder auch ein Nichterbe, zum Beispiel ein juristisch gewandter Freund oder eine Anwältin. Der Willensvollstrecker hat sich bis zur Teilung um alle Geschäfte der Hinterlassenschaft zu kümmern: Er begleicht die Erbschaftsschulden, richtet Vermächtnisse aus, bewirtschaftet den Nachlass und bereitet die Teilung der Erbschaft nach Ihren Anordnungen vor. Nur er allein hat dafür Zugriff auf den Nachlass.

HINWEIS *Der Willensvollstrecker hat Anspruch auf eine angemessene Entschädigung. Legen Sie sein Honorar im Testament fest, am besten in Form eines Stundenlohns. Laut Bundesgericht sind Pauschalen von ein bis drei Prozent des Bruttonachlassvermögens nicht statthaft.*

Die Ehegattin absichern

Bei Ehepaaren ohne Kinder erben neben dem überlebenden Ehemann oder der Ehefrau auch die Eltern und allenfalls Geschwister. So sieht es die gesetzliche Erbfolge vor (siehe Seite 76). Vielleicht möchten Sie aber diese gesetzlichen Erben von der Erbfolge ausschliessen. Dann müssen Sie aktiv werden, sei es mit einem Testament, einem Erb- oder Ehevertrag. Das gilt auch dann, wenn Kinder da sind, aber erst nach dem Tod beider Ehegatten erben sollen.

Ganz wichtig: Vor der erbrechtlichen Teilung kommt immer die güter-rechtliche Teilung. Der überlebende Ehegatte muss also nicht das ganze eheliche Vermögen mit seinen Miterben teilen, sondern nur den soge-nannten Nachlass des Verstorbenen. Die meisten Eheleute haben keinen Ehevertrag abgeschlossen, dann gilt der ordentliche Güterstand der Er-rungenschaftsbeteiligung. In den Nachlass gehört hier das Eigengut des Verstorbenen und die Hälfte der Errungenschaft der Eheleute. Das Eigen-gut des überlebenden Ehegatten sowie die andere Hälfte der Errungen-schaft fallen nicht in den Nachlass. Dieser Teil verbleibt vorweg beim überlebenden Ehegatten.

Ehepaar ohne Kinder

Leben die Eltern des Verstorbenen noch, so können sie zusammen einen Achtel des Nachlasses beanspruchen. Oft sind sie aber bereit, zugunsten des Schwiegersohnes oder der Schwiegertochter auf ihren Pflichtteil zu verzichten. Der Erbverzicht ist nur in der Form des Erbvertrags gültig (siehe Seite 79). Wenn Sie Ihre Eltern nicht zum Notar bemühen möchten und ihnen vertrauen, können Sie Ihren Ehegatten im Testament als Allein-erben einsetzen. Fordern die Eltern ihren Pflichtteil nicht innert eines Jah-res, gilt das Testament.

EIGENGUT ODER ERRUNGENSCHAFT?

Eigengut	Errungenschaft
Persönliche Gegenstände wie Kleider, Schmuck	Ersparnisse aus Einkommen wie Arbeits-erwerb, Renten, Vermögensertrag
Alles, was einem schon vor der Ehe gehörte	Entschädigung wegen Arbeitsunfähigkeit
Während der Ehe erhaltene Schenkungen, Erbschaften und Erbvorbezüge	Erträge des Eigenguts (zum Beispiel Bankzinsen)
Ersatzanschaffungen oder Investitionen mit Eigengut	Ersatzanschaffungen oder Investitionen mit Errungenschaft

Sind Ihre Eltern bereits verstorben, können Sie Ihrem Ehegatten den ganzen Nachlass vermachen, denn Geschwister und weiter entfernte Verwandte wie Onkel oder Nichten haben keine Pflichtteile. Am einfachsten geht das mit einem handgeschriebenen Testament, in dem Sie den Ehegatten als Alleinerben einsetzen.

Ehepaar mit gemeinsamen Kindern

Nach Gesetz muss der Witwer oder die Witwe das Eigengut des Verstorbenen und die Hälfte der ehelichen Errungenschaft mit den Kindern teilen.

In einem Ehevertrag können Sie etwas anderes bestimmen, etwa dass der überlebende Ehegatte die gesamte Errungenschaft erhält. Besteht das eheliche Vermögen vorwiegend aus Errungenschaft, also Werten, die beide Ehepartner während der Ehe gemeinsam erarbeitet haben, erreichen Sie dadurch, dass gar nichts oder nur wenig vom Vermögen in den Nachlass kommt. Der Ehevertrag muss beim Notar öffentlich beurkundet werden.

Sie können Ihre Nachkommen zudem in einem Testament oder als Zusatz zum Ehevertrag auf den Pflichtteil setzen. So erhalten die Kinder vom Nachlass statt der Hälfte nur drei Achtel. Die restlichen fünf Achtel gehen an den überlebenden Ehegatten.

Besitzen Sie eine Liegenschaft, kann auch die folgende Variante sinnvoll sein: Sie können dem überlebenden Ehegatten maximal einen Viertel zu Eigentum und drei Viertel zur Nutzniessung zuweisen. Bei der Nutzniessung sind zwar die Kinder Eigentümer, sie können ihr Eigentum aber faktisch erst ausüben, wenn der überlebende Ehegatte gestorben ist oder auf sein Recht verzichtet.

> **HINWEIS** *Der Nutzniesser darf die Vermögenswerte weder verkaufen, verschenken noch belasten. Er darf nur den Nutzen daraus ziehen. Bei Bankguthaben oder Wertschriften darf er den Zins oder die Dividende einstreichen, bei einer Liegenschaft darf er darin wohnen oder den Mietzins kassieren.*

Zusätzlich können Sie mit einer Teilungsvorschrift dem Ehegatten bestimmte Vermögenswerte wie zum Beispiel das Haus oder die Eigentumswohnung auf Anrechnung an seinen Erbteil zuhalten.

Ehepaar mit nicht gemeinsamen Kindern

Die Pflichtteile von nicht gemeinsamen Kindern lassen sich nicht mit einem Ehevertrag umgehen. Sind die Kinder volljährig, also über 18 Jahre alt, können Sie mit ihnen einen Erbvertrag abschliessen. Lassen Sie sich von einer Anwältin oder von einem Notar beraten. Kommt ein Erbvertrag nicht in Frage, können Sie in einem Testament die Quote der Kinder auf das Minimum von drei Achtel des Nachlasses fixieren.

Sie können dem Ehegatten zudem Vermögenswerte wie die Eigentumswohnung auf Anrechnung an seinen Erbteil zuhalten und ihn als Willensvollstrecker einsetzen. Dann hat er sofort Zugriff auf den Nachlass und kann das Erbe so aufteilen, wie Sie es im Testament gewünscht haben.

HINWEIS *Wenn in einer Patchworkfamilie zu den Kindern aus einer früheren Beziehung auch noch gemeinsame kommen, wird es mit dem Vererben noch komplizierter. Arbeiten Sie in diesem Fall mit einer Anwältin oder einem Notar eine massgeschneiderte Erbregelung aus.*

Zusätzlich können Sie für Ihre Familie bzw. Ihre Ehegattin mit einer Todesfallversicherung vorsorgen. Mehr Informationen dazu finden Sie auf Seite 86.

EHEPAARE: EIGENES KONTO RATSAM

Erfährt die Bank vom Tod eines Kunden, sperrt sie in der Regel vorsorglich das Konto. Da nützt auch eine Vollmacht nichts – die Sperrung wird erst nach Vorlage eines Erbscheines und dem Einverständnis aller darauf aufgeführten Personen aufgehoben. Das kann mehrere Wochen dauern. Auch Kreditkarten auf gemeinsamen Konten werden nach dem Tod eines Ehegatten gesperrt, Partnerkarten ebenfalls.

Um Engpässe zu vermeiden, ist ein eigenes Konto für jeden Ehepartner oder ein gemeinsames Konto ratsam, ein sogenanntes Und/oder-Konto. Ein rascher Zugriff auf das Konto des Verstorbenen lässt sich ansonsten erreichen, indem man den Ehepartner im Testament als Willensvollstrecker einsetzt. ■

Den Lebenspartner absichern

Unverheiratete Paare müssen weit mehr regeln als Ehepartner. Sie geniessen im Gegensatz zu Verheirateten keinen gesetzlichen Schutz, was Erbrecht oder Witwenrente betrifft.

Um die Lebensgefährtin oder den Lebenspartner zu begünstigen, brauchen Sie entweder ein Testament oder einen Erbvertrag. Beachten Sie aber die Pflichtteile (siehe Seite 77).

Alle folgenden Regeln und Empfehlungen gelten auch für gleichgeschlechtliche Paare, deren Partnerschaft nicht registriert ist. Das Bundesgesetz über die eingetragene Partnerschaft (PartG) stellt nur gleichgeschlechtliche Paare, die ihre Partnerschaft eintragen lassen, erb- und sozialversicherungsrechtlich den Eheleuten gleich.

Testament und Erbvertrag

Halten Sie im Testament oder Erbvertrag fest, dass die Begünstigung Ihres Partners nur gilt, solange das Konkubinat (gemeinsame Wohnung, Konkubinatsvertrag) besteht.

Oft sind Konkubinatspartner wirtschaftlich voneinander unabhängig – sei es, dass beide gut verdienen oder über Vermögen verfügen. In diesem Fall möchten Sie vielleicht lediglich sicherstellen, dass Ihre Lebenspartnerin in der gemeinsam gestalteten Wohnung bleiben kann. Dann können Sie ihr zum Beispiel testamentarisch ein entgeltliches Wohnrecht einräumen, etwa mit folgender Formulierung: «Meine Partnerin Beatrice O. erhält das lebenslange Wohnrecht an meiner Eigentumswohnung Holdergasse 23. Sie hat dafür monatlich 1800 Franken zu bezahlen.» Ebenso kann testamentarisch das Auseinanderreissen von Hausrat, ob er nun Ihnen allein gehörte oder gemeinsam erworben wurde, verhindert werden.

Begünstigung in der 2. Säule

Das Bundesgesetz über die berufliche Vorsorge (BVG), auch 2. Säule genannt, schreibt keine Leistungen an den Lebenspartner oder die Lebenspartnerin vor. So fällt das Altersguthaben beim Tod eines Kinderlosen und Ledigen an die Pensionskasse. Fortschrittliche Pensionskassen richten freiwillig Todesfallleistungen an den hinterbliebenen Partner aus. Erkundigen Sie sich bei Ihrer Pensionskasse, ob Sie Ihren Partner begünstigen können und welche Unterlagen Sie dafür einreichen müssen.

HINWEIS *Auch wenn keine Rente vorgesehen ist, zahlen manche Vorsorgeeinrichtungen unter gewissen Bedingungen im Todesfall ein Abfindungskapital aus. Konsultieren Sie das Reglement oder fragen Sie nach!*

Wenn Sie keiner Pensionskasse angeschlossen sind, haben Sie unter Umständen ein Freizügigkeitskonto oder eine Freizügigkeitspolice. Das Guthaben fällt im Todesfall in dieser Reihenfolge an:
1. Witwe, Witwer und Kinder unter 18 Jahren oder – falls sie in Ausbildung sind – bis zum 25. Geburtstag
2. Personen, für deren Unterhalt der Verstorbene zu mindestens 50 Prozent aufgekommen ist. Oder an den Partner, der mit dem Verstorbenen bis zu dessen Tod eine mindestens fünfjährige Lebensgemeinschaft geführt hat oder für den Unterhalt eines gemeinsamen Kindes aufkommen muss
3. volljährige Kinder, Eltern oder Geschwister
4. übrige gesetzliche Erben mit Ausnahme des Staates

Ist eine in Punkt 2 genannte Bedingung erfüllt, können Sie Ihre Lebenspartnerin oder Ihren Lebenspartner an die erste Stelle neben Witwe, Witwer oder Kinder setzen und den Anteil am Guthaben festlegen (zum Beispiel dass 70 Prozent an die Lebenspartnerin gehen).

Das Bundesgericht hat klargestellt, dass Zahlungen aus der 2. Säule nicht zum Nachlassvermögen gehören. Partnerin oder Partner müssen also die ausbezahlte Summe nicht mit den Erben teilen.

Begünstigung bei der 3. Säule
Wenn Sie eine Säule 3a haben und vor dem Bezug der Gelder sterben, wird das Guthaben in folgender Reihenfolge ausbezahlt:
1. an den überlebenden Ehegatten
2. an die direkten Nachkommen und an Personen, für deren Unterhalt Sie zu mindestens 50 Prozent aufgekommen sind, oder an Ihren Partner, der mit Ihnen bis zu Ihrem Tod eine mindestens fünfjährige Lebensgemeinschaft geführt hat oder für den Unterhalt eines gemeinsamen Kindes aufkommen muss
3. an die Eltern
4. an die Geschwister
5. an die übrigen Erben

Bei Ziffer 1 sind keine Änderungen möglich. Bei Ziffer 2 können Sie bestimmen, wie viel vom Guthaben die Kinder und wie viel die Lebenspartnerin erhalten soll, sofern sie eines der genannten Kriterien erfüllt. Ist dies nicht der Fall, fällt das gesamte Guthaben an die Kinder.

Hinterlassen Sie weder Ehegatten noch Kinder, fällt das gesamte Guthaben automatisch an den Lebenspartner, sofern er eines der unter Ziffer 2 genannten Kriterien erfüllt. Wenn nicht, dürfen Sie ihn trotzdem den Eltern, Geschwistern oder übrigen Erben vorziehen. Setzen Sie dazu den Lebenspartner in Ihrem Testament als Erben ein. Zusätzlich müssen Sie der Bank oder der Versicherung schriftlich mitteilen, dass Sie ihn an die erste Stelle setzen, das heisst vor Eltern, Geschwister und übrige Erben.

Todesfallversicherung

Kommen Ihre Lieben nach einem Todesfall finanziell über die Runden? Um Engpässe zu vermeiden, können Sie zugunsten Ihres Lebenspartners, Ihrer Lebenspartnerin eine Todesfallversicherung abschliessen. Die vertraglich festgelegte Todesfallsumme fällt nicht in den Nachlass, ist also nicht mit den übrigen Erben zu teilen. Allerdings klettern mit steigendem Alter und entsprechend höherer Sterbewahrscheinlichkeit die Tarife. Lassen Sie sich von einer unabhängigen Stelle beraten.

Gelegenheitsgeschenke und Kostenübernahme

Schenkungen werden in der Mehrzahl aller Kantone mit einer Schenkungssteuer belegt. Gelegenheitsgeschenke, über deren konkretes Ausmass die meisten Gesetze nichts aussagen, bleiben aber steuerfrei.

DIGITALES ERBE

Regeln Sie in einem handschriftlichen Testament, was mit Ihrem digitalen Erbe zu geschehen hat. Welche E-Mail-Accounts sind zu löschen? Wer bekommt die Fotos, die Sie in einer Cloud gespeichert haben? Notieren Sie die genauen Zugangsdaten und Passwörter. ■

Achtung Erbschaftssteuern!

Ehepaare müssen in den meisten Kantonen keine Erbschaftssteuern mehr bezahlen, wenn ein Partner stirbt. Gleichgeschlechtliche Paare sind seit

Inkrafttreten des Bundesgesetzes über die eingetragene Partnerschaft den Eheleuten bei der Erbschaftssteuer gleichgestellt, wenn sie ihre Partnerschaft auf dem Zivilstandsamt registriert haben. Anders sieht es bei nicht ehelichen Lebensgemeinschaften aus. Mit wenigen Ausnahmen verlangen alle Kantone Steuern, wenn der Lebenspartner oder die Lebenspartnerin erbt. Je nach Höhe des Erbes greift der Staat zu: In den meisten Kantonen sind es um die 30 Prozent der geerbten Summe. Erbschaftssteuern sind zu bezahlen im Kanton, in dem der Erblasser seinen Wohnsitz und seine Liegenschaften hatte.

> **BUCHTIPP**
> Das Beobachter-Standardwerk **«Testament, Erbschaft. Wie Sie klare und faire Verhältnisse schaffen»** hilft weiter.
> www.beobachter.ch/buchshop

Vollmachten erteilen

Auch wenn Sie kerngesund und selbständig sind: Ein Unfall oder eine Krankheit kann Sie für eine Weile schachmatt setzen. Dann kann eine rechtzeitig erteilte Vollmacht vor nicht beglichenen Rechnungen oder sonstigen Engpässen schützen. Ausserdem bewahrt sie Sie vor bürokratischen Umtrieben und verhindert, dass sich die Behörden einschalten (müssen).

Spezialvollmachten sind empfehlenswert, wenn eine Person Sie nur in bestimmten Geschäften vertreten soll, zum Beispiel gegenüber der Krankenkasse. Soll die Person Sie generell, also in allen Rechtsgeschäften, vertreten, braucht sie eine Generalvollmacht.

! **HINWEIS** *Sollen bevollmächtigte Personen über das Bank- oder Postkonto verfügen oder eingeschriebene Sendungen abholen können, bestehen Banken und die Post auf eigenen Formularen. Andere Vollmachten akzeptieren sie nur ausnahmsweise. Die Formulare sind bei jeder Geschäftsstelle zu beziehen.*

Jede Vollmacht erlischt mit dem Widerruf durch den Vollmachtgeber und, wenn nichts anderes steht, auch mit Eintritt der Handlungsunfähigkeit oder mit dem Tod. Wollen Sie sicherstellen, dass die bevollmächtigte Person Ihre Geschäfte auch noch abwickeln kann, wenn Sie nicht mehr urteilsfähig oder gestorben sind, müssen Sie dies in der Vollmachtsurkunde vermerken. Erben können eine über den Tod hinaus ausgestellte Vollmacht allerdings jederzeit widerrufen.

Vorsorgeauftrag und Patienten-verfügung

Nachdem Sie die finanziellen Fragen im Zusammenhang mit Ihrem – hoffentlich noch in weiter Ferne liegenden – Ableben geregelt haben, lohnen sich auch ein paar ernsthafte Gedanken und Vorkehrungen für die letzte Lebensphase.

Seit Anfang 2013 gilt in der ganzen Schweiz das neue Erwachsenenschutzrecht. Es schafft eine verbindliche rechtliche Grundlage für den Vorsorgeauftrag und für die Patientenverfügung. Damit können Sie sicherstellen, dass Ihr Wille respektiert wird, falls Sie wegen Krankheit oder Unfall urteilsunfähig werden.

Der Vorsorgeauftrag

Handlungsfähige Personen können mit einem Vorsorgeauftrag bestimmen, wer sich im Fall ihrer Urteilsunfähigkeit um ihre Betreuung und die Verwaltung ihres Vermögens kümmern und sie bei Rechtsgeschäften vertreten soll. Beschreiben Sie möglichst präzise die Aufgaben, die die beauftragte natürliche Person (oder juristische Person, zum Beispiel eine Bank) ausführen soll. Sie dürfen auch Weisungen erteilen, auf welche Art diese Aufgaben zu erfüllen sind.

Achten Sie auf die Formvorschriften: Der Vorsorgeauftrag muss entweder wie ein Testament von Hand geschrieben, datiert und unterzeichnet oder durch ein Notariat öffentlich beurkundet werden. Damit wird vermieden, dass insbesondere betagte Personen ein von Dritten verfasstes Papier unterschreiben, ohne sich hinreichend über dessen Inhalt Rechenschaft zu geben.

Die Errichtung des Vorsorgeauftrags sowie dessen Hinterlegungsort kann beim Zivilstandsamt im Personenstandsregister (Infostar) eingetragen werden. So stellt die betroffene Person sicher, dass ihr Vorsorgeauftrag nicht toter Buchstabe bleibt. Im Fall Ihrer Urteilsunfähigkeit erkundigt sich die Erwachsenenschutzbehörde beim Zivilstandsamt, ob ein Vorsorgeauftrag vorliegt, und prüft gegebenenfalls, ob er gültig errichtet worden ist. Sind sämtliche Voraussetzungen für seine Wirksamkeit erfüllt, händigt die Erwachsenenschutzbehörde der beauftragten Person eine Urkunde aus, worin ihre Aufgaben und Rechte festgehalten sind.

Die Patientenverfügung

In einer Patientenverfügung bestimmt ein Mensch im Voraus, was geschehen soll, wenn er nicht mehr in der Lage ist, seine Wünsche zu äussern – zum Beispiel wenn er nach einem schweren Unfall im Koma liegt, einen Hirnschlag erlitten hat oder vor lauter Schmerzen unfähig ist, einen klaren Gedanken zu fassen. Die Patientenverfügung erleichtert es Angehörigen und Ärzten, schwierige Entscheide zu treffen. Die Angehörigen werden entlastet, weil sie nicht hin und her überlegen müssen: «Was hätte er wohl gewollt?» Und das ärztliche Personal fühlt sich sicherer in der Betreuung, weil es weiss, dass sie den tatsächlichen Wünschen des Patienten entspricht.

 HINWEIS *Pro Senectute bietet mit dem DOCUPASS für 19 Franken ein umfassendes Vorsorgedossier mit einer informativen Begleitbroschüre an (www.pro-senectute.ch/ angebote/themen-rund-um-das-alter-fuer-senioren/docupass-patientenverfuegung).*

WAS DIE PATIENTENVERFÜGUNG FESTHÄLT

In der Patientenverfügung schreiben Sie Ihre Wünsche zu folgenden Themen nieder:

■ Medizinische Behandlung
■ Lebensverlängernde Massnahmen
■ Entbindung vom Patienten-/Arztgeheimnis
■ Sterbebegleitung
■ Sterbeort
■ Untersuchung zu Forschungszwecken
■ Organspende
■ Obduktion

In der Patientenverfügung können Sie sowohl über Ihre Behandlung in der Sterbephase als auch über die Behandlung Ihres Körpers nach dem Tod bestimmen. Sie können auch nur einzelne Punkte regeln. Selbstverständlich muss niemand eine Patientenverfügung erlassen. Wer keine Vorkehrungen trifft, vertraut darauf, dass die Ärzte alles ethisch und medizinisch Vertretbare unternehmen und die Angehörigen einbeziehen.

4

Freizeit – kostbare neue Freiheit

Denken Sie beim Wort Freizeit an Feierabend, gemütliches Ausschlafen am Wochenende und Ferien? Oder an Velotouren, soziale Aufgaben, Familienleben und Hobbys? Wenn Sie nicht erwerbstätig sind, haben Sie dann ständig Freizeit? Und kann jemand mit so viel freier Zeit noch Ferien machen? Solche Fragen stellen sich im Hinblick auf die Pensionierung.

Vom Umgang mit dem grossen Freiraum

Wenn Sie die Berufstätigkeit aufgeben, gewinnen Sie viel frei verfügbare Zeit. In diesem Kapitel erhalten Sie vielfältige Impulse für die Gestaltung der kommenden Jahre – mit neuen Rhythmen und Lebensinhalten, ja vielleicht sogar mit einem neuen Lebenssinn. Daneben kommen einige Freizeitfallen zur Sprache.

Die Leistungsnormen des Arbeitslebens gehen vielen Erwerbstätigen im Lauf der Jahrzehnte in Fleisch und Blut über. Sie überlagern auch die Aktivität in der Freizeit. Die Musse, das Spielerische und Zwecklose finden selten Platz. Immer soll «etwas laufen». Auch die kostbare Freizeit gilt es «sinnvoll» oder irgendwie «ertragreich» zu nutzen. Diese verinnerlichten Werte prägen häufig auch das Rentenalter.

REISELEITER BRUNO B. führt Aktivferien für Pensionierte durch und erzählt: «Die ganz Eifrigen sind perfekt ausgerüstet: Nur das neuste und teuerste Outfit ist gut genug. Auf Radtouren

FREIZEIT – EIN JUNGER BEGRIFF

Der Begriff Freizeit taucht erstmals während der Industrialisierung auf. Er bezeichnet die anfänglich wenigen Stunden, die neben der Fabrikarbeit für Essen, Kinder und Erholung zur Verfügung standen – erwerbsarbeitsfreie Zeit. Freizeit war die Restzeit, die nach der Arbeit übrig blieb. Im ländlichen Milieu gabs bestenfalls am Sonntag ein paar ruhigere Stunden.

Erst die Verkürzung der Arbeitszeit und der steigende Wohlstand der letzten 50 Jahre schufen die Voraussetzung für neue Funktionen der Freizeit: Neben der Erholung, der Zerstreuung und dem Kräftetanken für den kommenden Arbeitstag gewannen das Konsumieren und die soziale Selbstdarstellung an Bedeutung. Ferien in Rimini sorgten zu Beginn des «Wirtschaftswunders» für Aufmerksamkeit, später das Tauchen im Roten Meer. Tennisspielen signalisierte vor 20 Jahren einen sozialen Aufstieg – heute die Mitgliedschaft in einem Golfclub. ∎

hat es immer ein paar Männer dabei, die ohne Rücksicht auf die Gruppe losziehen, als wären sie bei der Tour de Suisse. Manchmal staune ich schon über diesen Leistungswillen.»

Ein neuer Blick auf Ihr Zeitbudget

Der Soziologe Horst Opaschowski hat versucht, den Freizeitbegriff von seiner engen Bindung an die Arbeit zu lösen. Er unterscheidet fremdbe-stimmte Zeit (Arbeit, Schule usw.), zweckgebundene Tätigkeiten (wie Essen und Schlafen) und frei verfügbare/selbstbestimmte Zeit. In jedem Alter kann es sinnvoll sein, das eigene Zeitbudget einmal nach diesen Kriterien unter die Lupe zu nehmen.

TIPP *Haben Sie manchmal das Gefühl, die Zeit zerrinne Ihnen zwischen den Fingern? Schreiben Sie in einem Kalender täglich auf, wofür Sie wie viel Zeit verbraucht haben. Dies kann Ihnen helfen, Schwerpunkte zu setzen und die frei verfügbare Zeit bewusst zu nutzen. Besonders spannend ist es, wenn Sie dieses Experiment vor und nach der Pensionierung mehrmals durchführen.*

Voller Terminplan?

Immer wieder hört man die Äusserung: Seit er (oder sie) pensioniert ist, hat er überhaupt keine Zeit mehr. Darin liegt in vielen Fällen ein Körnlein Wahrheit, denn nach dem Abschied von der Berufstätigkeit wächst die frei verfügbare Zeit kaum im Ausmass der bisherigen Arbeitszeit. Zu Hause wartet nämlich auch Arbeit: Sie werden jahrelang Liegengebliebenes antreffen. Wahrscheinlich widmen Sie den häuslichen Tätigkeiten mehr Zeit. Und sicher werden Sie viel Zeit und Energie verwenden, um den Alltag neu einzurichten. Vermutlich gönnen Sie sich für alle Tätigkeiten auch etwas mehr Zeit und legen längere Erholungspausen ein.

ISIDOR H. FRAGT SICH, wo seine Zeit geblieben ist: «Ich hatte geglaubt, dass meine bisherige 40-Stunden-Woche nun für Freizeitbeschäftigungen zur Verfügung steht. Welch eine Illusion! Ich bin glücklich, wenn ich mich zwei-, dreimal pro Woche für ein paar Stunden meinem Hobby widmen kann.»

CHANCE *Wie möchten Sie Ihren Alltag nach der Pensionierung zeitlich gliedern? Wie viel werden Sie arbeiten? Wie viele Mussestunden werden Sie sich gönnen? Beschreiben Sie einen idealen Tag oder eine Woche!*

Freizeitchancen nutzen

Im Kapitel «Abschied und Neubeginn» steht, welche vielfältigen Bedürfnisse am Arbeitsplatz befriedigt werden. Das berufliche Umfeld bietet unterschiedliche menschliche Begegnungen, intellektuelle Herausforderungen und mehr oder weniger sinnvolle Aufgaben. Es gilt nun, dafür einen gleichwertigen oder besseren Ersatz zu finden.

Neben den alltäglichen kleinen Pflichten haben Sie nach der Pensionierung mehr Zeit und grössere Wahlmöglichkeiten. Ob Sie nach dem Frühstück ein Buch lesen, die Fensterläden streichen oder auf einen Berg steigen, ist Ihnen überlassen. Diese Freiheit ist aber häufig eingeschränkt durch innere Grenzen und moralische Vorstellungen. Viele Pensionierte schaffen es zum Beispiel nicht, am Nachmittag ins Kino zu sitzen. Ein älteres Ehepaar pflegt wie eh und je den Sonntagsspaziergang. An einem Werktag durchs Städtchen zu spazieren und im Gartencafé Kuchen zu essen, fände es ausgesprochen seltsam.

Kennen Sie auch solche Skrupel? Ihre Spuren führen meistens zurück in die Kindheit und Jugend. Während des Berufslebens war eine «gute Arbeitsmoral» meistens hilfreich. Es wäre unklug gewesen, jeden Morgen in sich hineinzuhorchen und zu fragen: Habe ich wirklich Lust, zur Arbeit zu gehen? Im Rentenalter sind solche moralischen Stützen jedoch nicht nur überflüssig, sondern oft hinderlich. Denn nun geht es einzig darum, herauszufinden, was Sie wollen.

Tätigkeiten und Herausforderungen
Tätigsein ist zwar unentbehrlich, damit keine Langeweile aufkommt, genügt aber nicht. Jeder Mensch braucht Aufgaben, die ihn herausfordern. Das kann eine handwerkliche Arbeit sein oder das Ordnen der Familienfotos, die Organisation eines Vereinsanlasses oder die Vorbereitung einer Reise. Stellen Sie sich immer wieder die Fragen: Erfahre ich dabei etwas Neues? Erweitere ich meinen Horizont? Bin ich körperlich und intellektuell gefordert?

HINWEIS *Pflegen Sie vielfältige Beschäftigungen, die Kopf, Herz und Hand in unterschiedlichem Mass beanspruchen. Sorgen Sie für Abwechslung: gesellige Anlässe, ruhige Tätigkeiten, zielgerichtete und spielerische.*

Getragen durchs soziale Netz

Einen Teil der neugewonnenen Freiheit werden Sie sicher auch dem Kontakt mit andern Menschen widmen. Die intime Beziehung einer Partnerschaft, die Geborgenheit einer Familie und der Austausch in einem Freundeskreis haben für fast alle Pensionierten einen sehr hohen Stellenwert. Gestalten Sie Ihre Freizeit so, dass Sie zu unterschiedlichen Menschen – aus allen Generationen – in Beziehung sind und bleiben. Das Kapitel «Soziale Kontakte im Mittelpunkt» (Seite 115) regt dazu an, die wichtigsten Beziehungen und das ganze Beziehungsnetz zu überprüfen.

Bewegung hält lebendig

Draussen sein in der Natur, den Wechsel der Jahreszeiten erleben, zwischendurch den Puls in die Höhe treiben, schwitzen und abends müde ins Bett sinken – das tut auch im Rentenalter gut und ist erst noch gesund. Wie haben Sie sich während der Berufstätigkeit bewegt? Möchten Sie der Bewegung und dem Sport in Zukunft mehr Zeit widmen? Im Kapitel 7 (Seite 161) finden Sie zahlreiche Tipps und Hinweise, was zur körperlichen und geistigen Fitness beiträgt.

Grenzen erweitern

Die heutige Generation der frisch Pensionierten verfügt im Durchschnitt über eine gute Bildung, eine stabile Gesundheit und mehr finanzielle Mittel als jede Generation zuvor. Es gibt wenig, was Pensionierte nicht tun können!

Vielleicht rümpft jemand die Nase, wenn ein älteres Semester im bunt gescheckten Dress auf den Rollerblades vorbeiflitzt. Teilnehmerinnen der Pro-Senectute-Bauchtanzgruppe wecken zwar einerseits Interesse, riskieren andererseits jedoch abschätzige Bemerkungen. Was solls? Sie haben nun – mehr als während der Erwerbstätigkeit – Wahlfreiheit. Sie können gemächlich im Mainstream schwimmen oder sich über soziale Konventionen hinwegsetzen. Entscheidend ist, was Sie für richtig halten und was Ihnen guttut. Sagen Sie sich «Jetzt oder nie!», und wagen Sie sich auch an unkonventionelle Unternehmungen.

LISA P., EHEMALIGE LABORLEITERIN, wurde mit 56 früh-pensioniert. Sie fand es unverschämt, damals im besten Alter zum alten Eisen geschmissen zu werden: «Ich habe mich dann nochmals richtig ins Leben gestürzt, bin viel tanzen gegangen, habe an Stadtläu-fen mitgemacht und bin mit dem Rucksack durch halb Amerika gereist. Meine beiden Töchter haben sich manchmal ein bisschen geschämt, dass ihre Mutter so über die Stränge schlägt. Jetzt bin ich ruhiger ge-worden. Doch meine späte ‹Sturm-und-Drang-Phase› bereue ich gar nicht.»

Langeweile und andere Fallen

Die plötzliche grosse Freiheit hat auch ihre Kehrseite: Obwohl sich die meisten Menschen darauf freuen, haben viele ihre liebe Mühe, wenn es soweit ist. Jahrzehnte waren geprägt von Pflichten: pünktlich in der Schu-le und später am Arbeitsplatz sein, diszipliniert arbeiten, sich weiterbilden und auch in der Freizeit «etwas Sinnvolles» tun, Geld verdienen, Kinder erziehen. Für eigene Bedürfnisse war wenig Platz.

DER PRIMARLEHRER UELI B. hat bei seinen Schülern oft festgestellt: «Mit klaren Anweisungen kommen sie gut zurecht. Doch wenn sie tun müssen, was sie selber wollen, bricht die grosse Ratlosigkeit aus.» Nun ist der Lehrer pensioniert und erkennt bei sich ein ähnliches Muster: «Ich muss mich immer wieder auf meine wirkli-chen Bedürfnisse besinnen. Sonst lasse ich mich von äusseren Impulsen treiben und verliere mich in irgendwelchen Aktivitäten.»

Mach mal Pause
Viele Rentnerinnen und Rentner klagen einige Monate nach der Pensio-nierung, sie hätten so viele Pläne gehabt – und nun könnten sie kaum das

Alltägliche bewältigen. Vielleicht haben sie sich allzu viel vorgenommen: Anspruchsvolle Aktivitäten wurden auf das Rentenalter verschoben, die Zukunft mit grossen Plänen und hohen Ansprüchen belastet. Doch die Kräfte halten nicht mit. Ernüchterung und Enttäuschung machen sich breit.

Vielleicht haben auch Sie wie viele Erwerbstätige im Endspurt des Arbeitslebens von den letzten Reserven gezehrt. Nach der Pensionierung lässt die Spannung nach, Körper und Geist verlangen nach der längst fälligen Ruhephase.

CHANCE *Gönnen Sie sich eine Zeit der Erholung. Achten Sie aber darauf, dass diese nicht in Passivität und Resignation endet. Lieber wöchentlich eine kleine Wanderung unternehmen, als täglich von der (nicht ausgeführten) Weltreise reden! Die Umstellung der Lebensweise nach der Pensionierung braucht viel Energie. Aber auch mit kleinen Schritten erreichen Sie Neuland.*

Aktiv ja – Aktivismus nein

Ein frisch Pensionierter zückt seine elektronische Agenda. Sein Pensum ist atemberaubend. Er bildet sich weiter, reist, hat sich in einer gemeinnützigen Organisation unentbehrlich gemacht, treibt Sport, setzt sich immer neue Ziele. Er bleibt jung und aktiv – bis zum Umfallen. Oder keucht er – ohne es wahrhaben zu wollen – mit zunehmendem Alter hinter seinem alten Schatten her?

Erkennen Sie sich in dieser Schilderung vielleicht ein Stückchen selber? Möchten Sie etwas daran ändern? Dann ist jetzt der richtige Zeitpunkt dazu. Denn der Ruhestand bietet Gelegenheit, sich von dem in unserer Gesellschaft dominierenden Leistungsprinzip wenigstens teilweise zu befreien. Von aussen werden nicht mehr so hohe Erwartungen an Sie gestellt. Nun gilt es, sich mit den verinnerlichten hohen Leistungsanforderungen auseinanderzusetzen, Raum zu schaffen für bisher verborgene Bedürfnisse, Mussestunden zu geniessen – und staunend festzustellen, dass in Ihnen noch ungeahnte Ideen und Wünsche schlummern.

CHANCE *Jetzt ist es nicht mehr wichtig, auf dem schnellsten Weg von A nach B zu gelangen. Sie dürfen Umwege riskieren und an interessanten Wegstellen verweilen.*

Einseitigkeit macht einsam

In seiner Jugend hat ein frisch Pensionierter leidenschaftlich Schach gespielt. Nun knüpft er an dieses Hobby an. Weil er keine Spieler seiner Stärkeklasse kennt, sucht und findet er die Partner im Internet. Stundenlang sitzt er gebannt vor dem Bildschirm. Glücklich, wer ein Hobby hat!

Doch Steckenpferde traben gelegentlich in eine Sackgasse. Tätigkeiten am PC bergen die Gefahr der Isolierung. Und wenn Sie ausschliesslich auf eine Lieblingstätigkeit setzen, verlieren Sie alles, wenn Sie das Hobby nicht mehr ausüben können (zum Beispiel, weil die Sehkraft nachlässt).

Dem Schachspieler würde die Alternative Schachclub mehr bieten: Neben der intellektuellen Herausforderung ergeben sich menschliche Begegnungen. Rund um das Spiel sind – falls erwünscht – kollegiale Gespräche und Geselligkeit möglich. In einem Verein oder Clublokal lernt man zudem Menschen aus verschiedenen Generationen kennen.

Die Zeit totschlagen

Was tun, wenn Langeweile aufkommt? Während kürzere Phasen der Musse durchaus in einen kreativen Schub münden können, droht bei anhaltender Langeweile die Flucht in ablenkende, aber nicht immer befriedigende Tätigkeiten.

Aussenstehende haben zwar nicht zu beurteilen, wie sinnvoll eine Freizeitbeschäftigung ist. Eine Qualität des Ruhestandes ist es ja gerade, dass man nicht mehr so viel muss, sondern darf. Fragen Sie sich aber selber: Mache ich etwas aus Überzeugung und mit Freude – oder bloss halbherzig und mangels einer besseren Alternative? Habe ich nach einem Nachmittag vor dem Fernseher oder PC bloss einen sturmen Kopf und ein schales Gefühl – oder bin ich zufrieden?

Die meisten Menschen erleben auf Dauer keine Befriedigung, wenn sie ihre Zeit totschlagen. Die Suche nach aktiven Formen der Freizeitgestaltung drängt sich dann von selbst auf.

Die beliebtesten Aktivitäten

Gehen Sie gerne auf Reisen, musizieren Sie, bilden sich weiter, bewegen sich in der Natur? Oder liegt es Ihnen mehr, freundschaftliche Beziehungen zu pflegen, sich in der Freiwilligenarbeit zu engagieren oder sich als Heimwerker, Gärtner und Bastler zu betätigen?

In den folgenden Abschnitten erhalten Sie viele Anregungen für eine abwechslungsreiche Gestaltung Ihrer freien Zeit. Im Anhang finden Sie zu jedem Thema zahlreiche Links und Adressen.

CHANCE *Früher haben weitgehend andere über Ihre Zeit verfügt. Nun können Sie vermehrt auf Ihre innere Uhr und Ihren Biorhythmus achten. Wann ist die schönste Zeit für einen Spaziergang? Zu welcher Tageszeit können Sie sich am besten konzentrieren, lesen, etwas lernen? Wann sind Sie reif für eine Pause? Achten Sie auf Ihre Bedürfnisse, und lassen Sie sich die Zeit nicht stehlen!*

Wenn einer eine Reise tut …

Wer sich mit offenen Sinnen in eine fremde Umgebung begibt, kann viel Neues, Beglückendes, vielleicht auch Aufregendes oder Fragwürdiges erleben. Man begegnet Menschen mit anderen Lebensweisen und Ansichten – und gewinnt so Distanz zum eigenen Dasein. Das macht Mut, Gewohntes in Frage zu stellen, neue Wege auszuprobieren, beweglich zu bleiben. Im Ruhestand haben Sie genügend Zeit und daher ideale Voraussetzungen:

■ Sie können ausserhalb des grossen Ferienrummels verreisen.
■ Sie haben Zeit, sich vor der Abreise intensiv mit der Kultur Ihrer Gastgeber zu beschäftigen und vielleicht sogar ein paar Brocken der Sprache zu lernen.
■ Sie brauchen nicht von Sehenswürdigkeit zu Sehenswürdigkeit zu jetten, sondern können sozial und ökologisch verträgliche Angebote auswählen.

- Dank Ihrer grossen Lebenserfahrung gelingt es Ihnen leicht, mit fremden Menschen in einen lockeren Kontakt zu treten.

Paare schätzen es, auf Reisen die neuen Eindrücke gemeinsam zu verdauen. Singles haben den Vorteil der Ungebundenheit. Vor allem Gruppenreisen oder längere Aufenthalte am gleichen Ort bieten Gelegenheiten zu neuen Bekanntschaften. Wenn Sie als Single reisen, sollten Sie sich bewusst machen, wie viel Geselligkeit und sozialen Austausch Sie wünschen. Wer ist Ihnen sympathisch? Wer zeigt ähnliche Interessen? Scheuen Sie sich nicht, den ersten Schritt zu machen und zum Beispiel einen gemeinsamen Ausflug oder Einkaufsbummel vorzuschlagen. Halten Sie sich – und dem Gegenüber – jedoch den Ausweg offen, später auch wieder eigene Wege zu gehen.

CHANCE *Jassen mit einem bekannten Fernsehmann, Aquarellieren in der Provence, Radtouren mit Elektrovelos und Kräuterkochkurse im Wellnesshotel – es gibt unzählige Angebote, die speziell Menschen ab 60 ansprechen. Zudem profitieren Sie von Vergünstigungen bei Transportunternehmen, so zum Beispiel bei den SBB, die das Generalabonnement «Senior» im Angebot haben.*

Aktivferien

Ferien für Pensionierte? In den Ohren von Erwerbstätigen tönt das paradox. Doch auch ältere Menschen haben von Zeit zu Zeit das Bedürfnis nach einer Klimaveränderung. Zunehmender Beliebtheit erfreuen sich Aktivferien. Viele finden ausserhalb der Schulferien statt und sprechen eher ältere Menschen an. Sie verbinden Erholung und Geselligkeit mit einer speziellen Aktivität (zum Beispiel Sprachkurse, naturkundliche Exkursionen, Chorsingen, Kultur- und Kunstgeschichte, Tennis).

Neugierig bleiben, sich weiterbilden

So viel möchten die Menschen im Lauf eines Lebens in Erfahrung bringen – und haben als Erwerbstätige nicht die Zeit dazu. Nach der Pensionierung eröffnet sich Ihnen hier eine völlig neue Welt: Die früher vielleicht ungelesen beiseitegestellten Bücher werden entstaubt. Plötzlich haben Sie Zeit für Museumsbesuche, Kurse und Gespräche mit anderen Interessierten. Was mit «Gwunder» beginnt, wird nicht selten zur Liebhaberei. Das Erweitern des eigenen Horizontes, das Erkennen von bisher unbekannten Zusammenhängen schafft Lebensfreude. Ein zusätzliches Plus: Aus der Teilnahme an Kursen, Exkursionen und Gesprächsrunden ergeben sich häufig neue Beziehungen.

Die meisten Universitäten und zahlreiche Volkshochschulen, Pro Senectute, Migros-Klubschulen und weitere Veranstalter bieten umfangreiche Programme an.

DER PENSIONIERTE MALERMEISTER BERNHARD D., 76, hat eine Passion: die Etrusker. «Angefangen hat alles mit verregneten Strandferien in Italien. In Orvieto bin ich erstmals mit den Etruskern in Kontakt gekommen. Dieses Volk, das lange vor den Römern eine Kulturblüte erlebte, hat mich nie mehr losgelassen. Ich habe jahrelang Volkshochschulkurse besucht, Bücher gelesen und mich immer tiefer mit Archäologie, Kultur- und Kunstgeschichte beschäftigt.

Seit der Pensionierung kann ich immer wieder lange Ferien in dieser Region machen. Ich spreche mittlerweile gut Italienisch, bin mit vielen Etrusker-Fachleuten befreundet und habe eine zweite Heimat gefunden. Diese – für mich neue – antike Welt hat mein Leben enorm bereichert.»

TIPP *Der Schweizer Museumspass verschafft Ihnen freien Eintritt in rund 500 Museen und Ausstellungen. Er kostet im Jahr 165 Franken (www.museumspass.ch).*

Sprachkurse: Ältere lernen anders

Sehr beliebt sind Sprachkurse. Fremdsprachen erschliessen andere Kulturen und persönliche Kontakte. Auf Reisen ist es ein unschätzbarer Vorteil, wenn Sie sich in der Landessprache verständigen können.

In Sprachkursen zeigen sich Unterschiede zwischen Generationen: Junge lernen in der Regel schneller, und sie können besser auswendig lernen. Da sie häufig auf ein Diplom hin arbeiten und Sprachkenntnisse für die berufliche Karriere brauchen, drängen sie auf ein schnelles Tempo.

Bei der älteren Generation stehen diese Ziele nicht mehr im Vordergrund. Sie lernen für sich selber, als Vorbereitung auf eine Reise und nicht selten wegen der Geselligkeit. Eine ihrer Stärken ist die Verknüpfung von

neu Erlerntem mit dem grossen Allgemeinwissen und ihrem Erfahrungsschatz. Einige Sprachschulen haben ihr Angebot entsprechend für die unterschiedlichen Zielgruppen differenziert.

ARIANE B., EHEMALIGE ZIVILSTANDSBEAMTIN, erzählt
von der *conversation* beim *afternoon tea:* «In meinem Dorf lebt
eine junge Engländerin. Sie hat zwar studiert, ist aber als Mutter von
drei Kindern nicht berufstätig. Wir haben sie gefragt, ob sie uns Englisch
unterrichten könnte. Nun treffen wir uns einmal wöchentlich zum
Tee. Wir, das sind fünf Frauen im Alter zwischen 47 und 68. Als Vorbereitung lesen wir jeweils ein Kapitel aus einem englischen oder
amerikanischen Roman, über den wir diskutieren. Ich war in meiner
Jugend ein halbes Jahr in London und frische jetzt meine Kenntnisse
auf. Mit meiner Freundin habe ich vor, nächstes Jahr Ferien in Süd-
england zu machen.»

Sprachaufenthalte im Ausland
Viele Sprachschulen zwischen Granada, Rom und Chester haben die ältere Generation als Zielgruppe entdeckt. Anders als junge KV-Angestellte
oder Studentinnen, die neben dem Sprachkurs Wasserski fahren und Dis-
cos besuchen, interessieren sich die Älteren mehr für Kultur, Sitten und
Gebräuche ihres Gastlandes. Populär sind Sprachkurse mit einem thema-
tischen Schwerpunkt – vor allem wenn es sich dabei um Kulinarisches
handelt. Beim Kochen in einem andalusischen Kloster fällt es leicht, Spa-
nisch zu lernen: Puede traerme la carta de vinos?

TIPP *Zu besonders intensiven Kontakten und Einblicken ins
Alltagsleben führen Sprachaufenthalte bei einer Gastfamilie. Ein
solcher Kontakt beschleunigt auch den Spracherwerb!*

Zurück an die Hochschule
Im persönlichen Umfeld wecken sie Bewunderung: ein frühpensionierter
Ökonom, der mit 61 Jahren ein reguläres Geschichtsstudium beginnt, oder
die reife Psychologin, die sich als regelmässige Gasthörerin an der theo-
logischen Fakultät einschreibt. Motiviert durch persönliches Interesse und
ohne Prüfungsdruck widmen sie sich ihren Lieblingsthemen oder Lebens-
fragen.

Wenn Sie im Ruhestand ein Studium aufnehmen, beachten Sie ein paar Verhaltensregeln, damit das Zusammensein mit den regulären Studenten reibungslos abläuft. Die junge Generation arbeitet an den Universitäten auf einen Abschluss – und den Einstieg ins Berufsleben – hin.

■ Lassen Sie den jungen Studierenden in Diskussionen und bei Seminararbeiten den Vorrang – auch wenn Sie überzeugt sind, besser Bescheid zu wissen.

■ Halten Sie sich mit Darbietungen Ihres Wissens und Ihrer Erfahrungen zurück. Die jungen Studierenden wollen selber Antworten formulieren und sich damit entwickeln.

Tablet, Skype, iPhone & Co.

Die Digitalisierung des Alltags schreitet voran. Statt auf der Ofenbank sitzen die Pensionierten heute vor dem Bildschirm. Was sie am Computer schaffen, deckt ein breites Spektrum ab:

■ Albert hat eine grosse Schallplattensammlung. Im Lauf der Jahrzehnte hat er den Überblick verloren, welches Stück von welchem Interpreten auf welcher schwarzen Scheibe verborgen ist. Einzelne Platten sind leicht verbogen; da und dort hat es störende Kratzer. Albert hat seine Musikanlage mit dem PC verbunden und digitalisiert nun die besten seiner Aufnahmen. Selbstverständlich beseitigt sein Musikprogramm nebenbei Kratzer und lästiges Rauschen und sortiert alles übersichtlich. Ein paar seiner alten Sammlerstücke konnte er an einer Schallplattenbörse zu einem guten Preis verkaufen, den Rest gibt er auf einen Flohmarkt.

■ Tamara hat Verwandte in Israel, den USA und Argentinien. Früher hat sie Briefe geschrieben, jetzt sendet sie E-Mails um die Welt.

■ Stefan, ein pensionierter Lehrer, hat immer sein iPhone dabei. Mitten im Herbstwald, beim Pilzesammeln, verblüfft er seine Begleiter: «Ist das ein Perlpilz oder ein Grauer Wulstling? Schauen wir doch schnell nach!» Im Handumdrehen hat er einige brillante Fotos auf dem kleinen Bildschirm und eine Liste der Unterscheidungsmerkmale. Das prächtige Fundstück ist ein giftiger Pantherpilz…

■ Evelyn ist passionierte Fotografin. Seit Kurzem hat sie eine digitale Spiegelreflexkamera. Bis zum Jahr 2011 gab es Grosis Fotoalben, in der Neuzeit Diashows auf dem Grossbildschirm und professionell gestaltete Bildkalender.

- Marthas Enkelin studiert in Japan. Einmal im Monat treffen sich die zwei Frauen zum Skypen. Martha richtet sich mit ihrem Tablet am Stubentisch ein, die Enkelin spaziert mit dem Smartphone in ihrer winzigen Wohnung in Tokio umher. Sie zeigt der Oma den gebratenen Fisch fürs Abendessen. Natürlich bemerkt Martha auch das zweite Gedeck auf dem Tisch. Welch ein Fortschritt gegenüber dem altertümlichen Briefschreiben!

Sport und Bewegung

Umfragen bei Pensionierten zeigen, dass eine stattliche Minderheit aktiv Sport treibt. Auch die Sportabstinenten verbringen einen wesentlichen Teil ihrer Freizeit in körperlicher Bewegung. Wie wichtig dies für die Gesundheit ist, erfahren Sie im Kapitel 8 (Seite 179).

Sportliche Aktivitäten verbinden auf ideale Weise das Nützliche mit dem Angenehmen: Wandern, Velofahren, Joggen, Nordic Walking oder Skilanglauf sind gut für die Kondition. Der Aufenthalt an der frischen Luft und am Licht hebt ausserdem die Stimmung. Dies ist besonders wichtig, wenn die Tage kurz sind und der Himmel häufig bedeckt ist.

Sport ist auch ein guter Ausgleich zu intellektuellen Tätigkeiten. Nach zwei Stunden vor dem Computer sind Schultern und Nacken verkrampft – eine halbe Stunde Schwimmen sorgt für Entspannung. Und nicht zuletzt sind Bewegung in einer Gruppe, Ballspiele oder die Teilnahme an Volksläufen verbunden mit vielen persönlichen Begegnungen und geselligen Anlässen.

CHANCE *Bewegen und begegnen: Möchten Sie nach der Pensionierung mehr Sport treiben oder sich mehr bewegen? Was spricht Sie an: eine Bergtour, regelmässiges Nordic Walking, der Besuch eines Tanzkurses oder einer Tai-Chi-Gruppe? Wer könnte Ihr Bewegungsprogramm «gesellig» bereichern? Wann? Am besten greifen Sie jetzt gleich zum Telefon!*

Alles mit Mass

Wer einen Sport jahrzehntelang trainiert hat, kann ihn oft bis ins hohe Alter ausüben. Die abnehmende Kraft und Schnelligkeit steht vielleicht Wettkampfsiegen im Weg, muss aber nicht die Freude trüben. Empfehlenswert sind Sportarten mit einem ausgewogenen Verhältnis von Konditions-, Kraft-, Koordinations- und Beweglichkeitstraining: zum Beispiel Schwimmen, Skilanglaufen, Radfahren, Gymnastik und Tanzen.

Neben den lokalen Sportvereinen und kommerziell betriebenen Fitness-Studios bieten die kantonalen Pro-Senectute-Organisationen eine Vielfalt von Bewegungsmöglichkeiten an – Sie haben die Qual der Wahl.

Vorsicht ist angebracht bei Sportarten mit einer hohen Herz-Kreislauf-Belastung (Sprint), Schlägen auf Gelenke oder hartem Körperkontakt. Die Teilnahme an einem Altherren-Fussball-Grümpeli erfordert eine gute Unfallversicherung!

HANNI B., 57, LEITET TURNSTUNDEN für Menschen ab 60: «Beim Wort ‹Altersturnen› lächeln viele frisch Pensionierte bloss mitleidig. Ich bringe sie aber alle mit einfachsten Mitteln, zum Beispiel Bällen oder Tüchlein, ins Schwitzen. Wie beim Sport in jungen Jahren werden Koordination, Beweglichkeit und Kraft gefördert. Bloss auf die Geschwindigkeit kommt es jetzt nicht mehr an. Dafür wird in meinen Stunden viel gelacht.»

Eine originelle Möglichkeit, sportliche Aktivität mit sozialem Engagement zu verbinden, bietet die Initiative «Radeln ohne Alter». An zahlreichen Standorten in der Schweiz stehen Rikschas bereit, mit denen flotte Piloten oder Pilotinnen gehbehinderte Menschen aus Alters- und Pflegeheimen ausfahren. Auch alte Menschen geniessen den Wind im Haar, und Bewegung verbindet sich mit Spass und Geselligkeit (www.radelnohnealter.ch).

CHANCE *Tanzen ist eine ideale Freizeitbeschäftigung für Jung und Alt. Die Bewegung ist gesund, und Sie lernen auf lockere Art andere Menschen kennen. Sie können allein, als Paar oder in Gruppen Tanzanlässe besuchen. Die Musik sorgt für eine beschwingte Stimmung. Und beim Walzertanzen kommen nicht nur die Herzen, sondern auch die Hirnzellen auf Touren.*

Freiwilligenarbeit – Berufung oder Spass?

Sie fahren Behindertentaxi, leiten Stiftungen, kochen in Notschlafstellen, füttern Alzheimerkranke oder helfen Kindern bei den Hausaufgaben: Ehrenamtliche Helferinnen und Helfer sind in der Schweiz längst unentbehrlich. Etwa zwanzig Prozent der Pensionierten leisten Freiwilligenarbeit. Gesichert mit einer guten Rente, körperlich und geistig bestens in Form, wollen viele der Gesellschaft etwas zurückgeben, sich weiterhin nützlich machen oder sich für Benachteiligte einsetzen. Das Bundesamt für Statistik schätzt den Wert der Freiwilligenarbeit denn auch auf jährlich 27 Milliarden Franken.

Die Meinungen zur Freiwilligenarbeit nach der Pensionierung sind geteilt. Weiterarbeiten – ohne Lohn – kommt für die einen nicht in Frage. Zuerst wollen sie die neue Freiheit geniessen, möglichst ohne Verpflichtungen. Andere freuen sich darauf, eine sinnvolle Aufgabe zu übernehmen, bei der sie nicht auf den finanziellen Ertrag achten müssen.

SANDRA S., BUCHHALTERIN, bezeichnet sich als Zahlenmensch – doch nach der Pensionierung will sie etwas anderes tun: «Ich werde wieder einen Hund kaufen und mit ihm die Ausbildung zum Therapiehund machen. Dann werde ich mit ihm ins Pflegeheim gehen und Leute besuchen. Viele alte Menschen haben geistig so abgebaut, dass sie kaum Gespräche führen können; an einem zutraulichen Tier freuen sie sich aber sehr. Auf diese Weise kann ich meine eigene Tierliebe mit einer sozial sinnvollen Aufgabe verbinden.»

Professionelle Ansprüche und Weiterbildung

Benevol ist eine der grossen Organisationen, die Ehrenamtliche anspricht, ausbildet und für geeignete Aufgaben vermittelt (www.benevol.ch). Ihr Grundsatz lautet: «Freiwilligenarbeit ist ein gesellschaftlicher Beitrag an Mitmenschen und Umwelt. Sie wird unentgeltlich und zeitlich befristet geleistet. Freiwilligenarbeit unterstützt und ergänzt die bezahlte Arbeit, tritt aber nicht in Konkurrenz zu ihr.»

Weil die Rollen von Ehrenamtlichen zuweilen heikel sind, bietet Benevol Einführungskurse und Weiterbildungen an. Themen sind unter anderem:

- Rechte und Pflichten der Freiwilligen
- Definitionen und Standards zur Freiwilligenarbeit
- Gesundes Helfen – Helfersyndrom
- Abgrenzung – Macht – Ohnmacht beim Helfen
- Einführung in Kommunikation
- Sozialzeitausweis
- Kennenlernen von Einsatzmöglichkeiten

Viele gut qualifizierte Berufsleute möchten nach der Pensionierung auch ihre Kompetenzen nochmals zum Zug kommen lassen. Eine Initiative des Migros-Kulturprozents bietet ihnen die Gelegenheit, in einem Seminar und regionalen Netzwerken neue Projekte zu entwickeln (www.innovage.ch). Beispiele sind:

- Aktivitäten zur besseren Einbindung von Neuzuzügern in einem Stadtteil, dem etwas mehr Quartierleben guttäte
- Einrichtung eines Treffpunkts für Liebhaberinnen und Liebhaber von Gesellschaftsspielen wie Scrabble, Bridge, Backgammon
- Planung und Umsetzung eines innovativen, gemeinschaftlichen Lebens- und Wohnkonzepts für ältere Menschen
- Mithilfe beim Aufbau einer Wohnbaugenossenschaft für Menschen, die unter Chemikalienunverträglichkeit leiden
- Machbarkeitsstudie für die Nachbegleitung von Strafgefangenen

HELGA S., EHEMALIGE SPRACHLEHRERIN, ist Innovage-Beraterin: «Ich setze mich für mehr Zusammenhalt unter den Älteren ein. Dabei geht es um die Organisation von Nachbarschaftshilfe, aber auch um kulturelle und gesellschaftliche Aktivitäten. Das Projekt habe ich im Innovage-Seminar entwickelt, und im Innovage-Netzwerk tausche ich mich mit anderen Engagierten darüber aus.»

Willkommener Zusatzverdienst

Neben solch ehrenamtlichen Einsätzen gibt es spezialisierte Organisationen für ehemalige Kader- und Fachleute, die – gegen einen bescheidenen Lohn – Aufgaben als Beraterinnen, Experten oder temporäre Führungskräfte im In- und Ausland übernehmen (z.B. www.adlatus.ch, www.senexpert.ch). Im Vordergrund steht nicht der Lohn, sondern eine sinnvolle Tätigkeit. Erfolgreich gemeisterte Aufgaben, soziale Kontakte und eine bescheidene finanzielle Anerkennung sorgen für Befriedigung.

Aktive Pensionierte können alle Arten von Dienstleistungen kostenlos auf Plattformen wie www.rentarentner.ch oder www.obugoo.ch anbieten. Im Internet tauchen immer mehr zusätzliche Plattformen auf, die auf lokaler Ebene Anbieter und Nutzer von Dienstleistungen (vom Blumengiessen übers Möbelmontieren bis zum Vorlesen der Zeitung) zusammenbringen. Eine Übersicht bietet www.seniorweb.ch.

Nachbarschaftsnetze – eine Hand wäscht die andere

An vielen Orten haben sich Pensionierte zusammengeschlossen, die einander ihre Talente, Fähigkeiten und freie Zeit gegenseitig zur Verfügung stellen. Zahlreiche dieser Initiativen sind generationenübergreifend. Die Liste möglicher Aktivitäten ist unbegrenzt:

- Jungsenior schneidet Obstbäume und Büsche im Garten von älterer Frau.
- Witwe kocht wöchentlich ein Mittagessen für fünf bis sechs Personen aus der Nachbarschaft.
- Vier Männer gründen eine Tischgemeinschaft (www.tavolata.ch)
- Pensionierte Lehrerin hilft zwei Kindern einer serbischen Familie bei den Hausaufgaben.
- Drei Frauen organisieren von Frühjahr bis Herbst monatlich einen Flohmarkt im Dorfzentrum.
- Rentnerin hütet das Kind einer alleinerziehenden Mutter aus Argentinien – und erhält dafür private Sprachlektionen.

DIETER S., EHEMALIGER BAUFÜHRER, hat mitgeholfen, den Jugendtreffpunkt an seinem Wohnort zu sanieren: «Der Treffpunkt war ziemlich heruntergekommen. Der Vereinspräsident hat mich gefragt, ob ich bei der Sanierung mithelfen könnte. Mit ein paar anderen Pensionierten vom Bau habe ich dann einen Sommer lang angepackt. Es war toll, wie die Jungen mitgeholfen haben.»

HINWEIS *Informationen über die lokalen Initiativen erhalten Sie bei Ihrer Gemeindeverwaltung oder bei Pro Senectute. Ein gut entwickeltes Projekt ist www.nachbarnetbasel.ch. Im Internet werden Sie auch mit dem Suchwort «Zeittausch» fündig.*

CHANCE *Welches sind Ihre Ressourcen, die Sie in einem gemeinnützigen Projekt einsetzen könnten? Würde eine solche Tätigkeit Ihr eigenes Leben bereichern? Sprechen Sie mit erfahrenen «Freiwilligen» über Aufwand und Nutzen ihrer Aktivitäten und finden Sie für sich ein geeignetes Betätigungsfeld.*

Gut informiert dank Medien

Nachdem die Türen zur Berufswelt geschlossen sind, gewinnen die Massenmedien an Bedeutung. Sie informieren über das aktuelle Geschehen in Wirtschaft, Kultur, Politik, Sport und im Alltag. Gute Zeitungen, Radio- und Fernsehsendungen ermöglichen Blicke hinter die Kulissen und erhellen Zusammenhänge.

Eine grosse Bedeutung hat das Fernsehen für die Unterhaltung. Es entführt die Zuschauerinnen und Zuschauer in die Welt der Schönen und Reichen, in exotische Länder, Steppen oder die geheimnisvolle Tiefsee. Spannende Abenteuer wechseln sich ab mit gemütvollen und beschaulichen Sendungen. Radio und Fernsehen sind wichtig für die zeitliche Strukturierung der Tage und Wochen (Nachrichten, Tagesschau, Sonntagskrimi und Ähnliches).

SEBASTIAN N., 74, kann aus gesundheitlichen Gründen nicht mehr reisen. Jetzt holt er sich die Welt in seine Stube: «In jungen Jahren bin ich weit gereist – einmal auf dem Landweg nach Indien. Damit ich nicht zu häufig vor der Kiste sitze, kreuze ich im Fernsehprogramm alle Sendungen an, die mich interessieren. Ich bevorzuge ausländische Sender wie BBC oder CNN. So kann ich meine Sprachkenntnisse anwenden.»

Der Medienkonsum der Pensionierten in der Schweiz beträgt mehrere Stunden täglich: Für die Zeitungslektüre brauchen sie eine Stunde. Gut drei Stunden verbringen die über 65-Jährigen vor dem Fernseher. Mehr als 80 Prozent der Menschen im Rentenalter lesen täglich Zeitung und schauen TV, jeder Dritte liest regelmässig Bücher.

Hobbys – leidenschaftliche Steckenpferde

Ein Hobby ist eine Lieblingsbeschäftigung, sagt das Lexikon. Im Gegensatz zur Arbeit also eine Tätigkeit, der man sich nicht aus Notwendigkeit, sondern freiwillig und aus Interesse, Faszination oder sogar Leidenschaft unterzieht. Hobbys bringen Vergnügen, Spass und Lustgewinn mit sich. Wer schon in frühen Lebensphasen ein Hobby pflegt, hat damit eine wichtige Brücke ins Rentenalter errichtet. Ein roter Faden zieht sich dann weiter durchs Leben. Befreit vom Diktat der Nützlichkeit kann fast alles zum Hobby werden:

- Sammeln (von Bierflaschen, Erstausgaben von Romanen, Goldmünzen, Hirschkäfern, Modelleisenbahnen oder Puppen)
- Handwerkliches wie basteln, häkeln, klöppeln, seidenmalen, blumenstecken
- Künstlerische Tätigkeiten wie malen, fotografieren, Gedichte schreiben
- Erforschen eines Sachgebietes, der Familiengeschichte oder der Dorfchronik
- Wandern, Pilze sammeln, Vögel beobachten, Blumen bestimmen
- Singen, musizieren, tanzen

FRANZ W., 64, ERZÄHLT, wie er vor über dreissig Jahren seine erste Leica gekauft hat und wie das Fotografieren zu seiner Leidenschaft wurde: «Ich stand früher stundenlang im improvisierten Fotolabor im Badezimmer und schaute gebannt, wie die Schwarz-Weiss-Bilder im Entwicklerbad aus dem Nichts auftauchten. Später machte ich dann farbige Diashows, und kürzlich habe ich eine Digitalkamera gekauft. Tausende von Fotos sind meine Lebensbegleiter: Was war in einer bestimmten Phase wichtig für mich? Wie habe ich es damals gesehen – oder ins richtige Licht gerückt? Die Fotos sind unbestechliche Zeugen meines Lebens. Irgendwie ist die Linse der Kamera mein drittes Auge geworden.»

Geliebte Gartenarbeit

Glücklich, wer einen Garten oder wenigstens einen grünen Balkon hat! Täglich ein paar Stunden an der frischen Luft, mit der Hacke, der Rebschere, dem Gemüsekorb – warum nicht auch mit der Zeitung im Lehnstuhl oder mit einer gemütlichen Jass- oder Gesprächsrunde unter dem schattigen Apfelbaum? Ein Garten verlangt Pflege, Aufmerksamkeit und körperliche Arbeit. Dafür gibt es eine direkte Belohnung: frisches Gemüse, Kräuter, Blumen, das Erleben der wechselnden Jahreszeiten. Immer mehr Menschen bemühen sich, im Garten auf chemische Keulen zu verzichten – und so den Lebensgrundlagen der nachfolgenden Generationen Sorge zu tragen. Wer nicht über einen Garten verfügt, muss trotzdem nicht auf frisches Grün verzichten: Küchenkräuter gedeihen auch gut in Töpfen auf dem Balkon oder Fenstersims. Ohne grossen Aufwand garnieren Sie den Tomatensalat mit ein paar Basilikumblättern oder geben dem süssen Dessert mit frischer Pfefferminze eine besondere Note.

CHANCE *Auch wer kein Einfamilienhaus mit Umschwung besitzt, kommt zu einem eigenen Garten. Die Familiengärten an den Stadträndern bieten Erholung, Natur und Selbstversorgung mit Gemüse, Beeren, Kräutern, Obst und Blumen (www.familiengaertner.ch, www.familiengarten.ch).*

Eine neue Bewegung verbreitet sich – von den USA herkommend – in unseren Städten und Agglomerationsgemeinden: Urban Gardening, Urban Agriculture oder Urban Farming. In Hinterhöfen, auf Industriebrachen oder Fabrikdächern wachsen Peperoni, Kürbisse und Johannisbeeren. Die Abwässer von Fischaquarien düngen den Nüsslisalat. In diesen innovativen Projekten von meist jungen Quartierbewohnern sind auch neugierige und erfahrene Seniorinnen willkommen.

Theater – mehr als eine Rolle spielen

Sie schreiben Schwänke, nähen Kleider, bauen Bühnenbilder, lernen Rollen auswendig und stehen schliesslich auf den Brettern, die die Welt bedeuten. In Kirchgemeindehäusern, Turnhallen und Kleintheatern begeistern Dutzende von Schauspieltruppen ihr Publikum. Einige gehen gar auf ausgedehnte Tourneen.

Im Laientheater kommen die verschiedensten Talente und Neigungen zum Zug: Spielfreude, Geselligkeit, dramaturgisches Geschick, Auseinandersetzung mit Problemen der Zeit, Humor, Gedächtnistraining, handwerkliches Können (www.volkstheater.ch).

VIOLA R., 73, berichtet über ihre Schauspielerfahrungen: «Meine erste Rolle war ein ziemlich lockeres Frauenzimmer. Jetzt spiele ich in einem Krimi die listige Alte. So ändern sich die Zeiten. Geblieben ist die Freude, in andere Rollen zu schlüpfen. Obwohl unsere ganze Truppe mehr weisse Haare – und Glatzen – bekommen hat, sind wir kein Senioren-Theater. Wir haben auch ein paar Junge. Unsere Vorstellungen sind immer ausverkauft, und seit einigen Jahren erhalten wir von der Gemeinde einen kleinen Beitrag. Damit können wir eine professionelle Regisseurin bezahlen.»

Singen und musizieren – auch für die Gesundheit

Die moderne Hirnforschung zeigt eindrücklich, dass sich mentale Alterungsprozesse verzögern lassen, wenn jemand regelmässig Klavier spielt, in einem Chor singt oder in einer Volkstanzgruppe mitwirkt. Solche Aktivitäten fordern Körper und Geist, beanspruchen vielfältige Sinne und veranlassen das Gehirn, immer neue Verknüpfungen herzustellen.

Wöchentliche Proben und Übungszeiten tragen zu einer Zeitstruktur bei. Auftritte erfordern Phasen der Konzentration und Anstrengung, Publikumserfolge belohnen den Aufwand.

Es ist nicht entscheidend, ob Sie in einem Jodelchörli, einer Blasmusik, einem Kirchenchor oder einem Kammerorchester aktiv sind: Alles ist verbunden mit sozialen Kontakten, menschlichen Auseinandersetzungen, interessanten Begegnungen, vielleicht auch mit Freundschaft, Lachen und Geborgenheit.

CHANCE *Im Erwerbsleben sorgt der Arbeitsplatz für Zeitstruktur, herausfordernde Aufgaben, Anerkennung und vielfältige soziale Kontakte. Nach der Pensionierung wählen Sie selbst Aktivitäten und Engagements, die zu einem angeregten und befriedigenden Leben beitragen.*

Nochmals die Welt verändern

Die 68-er-Generation kommt ins Rentenalter. Viele Angehörige dieser Generation sind geprägt von der damaligen Aufbruchstimmung. Sie haben erfahren, dass sich verkalkte Strukturen mit unkonventionellen Aktionen aufbrechen lassen. Sie haben sich in der Frauenbewegung für gleiche Rechte engagiert, neue Schulmodelle entwickelt, als Pioniere im Umweltschutz gearbeitet. Sie haben viel erreicht, was heute selbstverständlich ist.

Soziologen fragen sich: Wird diese Generation das Alter verändern? Mick Jagger oder Polo Hofer im Altersheim? Wahrscheinlich war keine Generation zuvor so vielfältig. In den letzten Jahrzehnten sind alte Berufe verschwunden und neue entstanden. Die Digitalisierung hat die Wirtschaft und das Alltagsleben umgekrempelt. Familienideale und Geschlechterrollen haben sich gewandelt – und natürlich auch die Bilder des Alters.

Wer im Internet surft, findet viele Spuren, die auf die neuen Alten hinweisen:
- **Grossmütterrevolution**

Plattform und Think Tank für die Frauen der heutigen Grossmütter-Generation (www.grossmueter.ch). Sie stellt sich so vor:

Rotkäppchen ade. Die Grossmütter von heute liegen nicht krank im Bett wie einst bei Rotkäppchen und getrauen sich kaum aus dem Haus. Sie sind gut gebildet, haben sich emanzipiert, sind berufstätig, politisch und kulturell interessiert. Den Auszug der Kinder haben sie hinter sich, sie fühlen sich im «empty nest» ganz wohl. Nach der Pensionierung haben sie noch 20 bis 30 Jahre vor sich. Was tun damit?

Verantwortung für morgen. Die neuen Grossmütter sitzen nicht zu Hause auf dem Sofa. Sie nehmen teil an der Gesellschaft, fühlen sich dem gesellschaftlichen Engagement verpflichtet und nutzen ihr Erfahrungswissen – auch für eine bessere und gerechtere Welt, in der ihre Enkelkinder anständig aufwachsen können.

Die neuen Grossmütter. Die neuen Grossmütter bewegen sich auf der öffentlichen Bühne, haben Ideen, tun sich gerne zusammen, um etwas zu erreichen und machen politisch von sich reden.

- **The freebird club**

Junge finden auf Reisen günstige Unterkünfte als «couchsurfer» oder auf Airbnb. Aktive Reisefreudige ab 50 lernen unkomplizierte Gastgeber in aller Welt kennen auf der Plattform www.thefreebirdclub.com.

- **Klima-Seniorinnen**

Eine Gruppe von zum Teil prominenten ehemaligen Politikerinnen und Fachfrauen unterstützt von Hunderten von Gleichgesinnten setzt den Bund mit einer Klimaklage unter Druck (www.klimaseniorinnen.ch). «Wir KlimaSeniorinnen setzen uns für den Schutz unserer Grundrechte, insbesondere unser Recht auf Leben ein. Damit engagieren wir uns für den Erhalt unserer natürlichen Lebensgrundlage für uns, unsere Enkelkinder und alle zukünftig Lebenden.»

5

Soziale Kontakte im Mittelpunkt

Mit der Pensionierung fallen die vielfältigen Beziehungen am Arbeitsplatz weg. Umso wichtiger werden die familiären, freundschaftlichen und nachbarschaftlichen Kontakte. Wie lassen sich alte Freundschaften beleben? Was sorgt für neuen Schwung in der Partnerschaft? Gelingt es im reifen Alter noch, innige Beziehungen einzugehen? Das sind die Themen dieses Kapitels.

Prägende Beziehungen

Kein Zweifel: Ihr Beziehungsnetz wird sich stark verändern. Was bleibt, ist Ihre langjährig erprobte Fähigkeit, Beziehungen zu pflegen und aktiv zu gestalten.

Das Erwerbsleben ist geprägt von Beziehungen, die Sie nicht selbst gewählt haben. Breit ist das Spektrum: Da gibt es liebenswürdige, hilfsbereite Kolleginnen, ehrgeizige Vorgesetzte, ungeduldige Kundinnen, unzuverlässige Lieferanten, amüsante Gesprächspartner beim Kaffeeautomaten – und geschwätzige. Kollegen werden im Lauf der Jahre zu Freunden, aus lockeren Flirts entstehen Familien.

WERNER K., 62, TRIFFT ALS GEMEINDEVERWALTER täglich die unterschiedlichsten Leute: «Ich arbeite in politischen Gremien mit, leite eine Verwaltung und habe Kontakte mit allen Schichten der Bevölkerung. Dies alles wird in wenigen Monaten wegfallen. Das private Sozialleben hat bisher fast ausschliesslich meine Frau organisiert. Da habe ich einen grossen Nachholbedarf.»

CHANCE *Wählen Sie eine Person aus Ihrem beruflichen Umfeld aus, die Sie besonders gut mögen und zu der Sie auch nach der Pensionierung eine Beziehung pflegen möchten. Was sind bleibende Gemeinsamkeiten? Was kommt als neu verbindende Aktivität in Frage? Teilen Sie dieser Person Ihren Wunsch mit!*

Tragfähiges Beziehungsnetz

Der Mensch ist ein soziales Wesen. Er gewinnt seine Identität und sein Selbstwertgefühl zu einem guten Teil im Zusammensein und in der Auseinandersetzung mit andern Menschen. Der Ausstieg aus dem Erwerbsleben ist zwangsläufig verbunden mit einer neuen Selbstdefinition. Wer sind Sie ohne Berufsbezeichnung? Was erzählen Sie einer neuen Ferienbekanntschaft über sich?

So wie sich im Berufsleben vieles in Arbeitsteams und im persönlichen Kontakt mit andern abspielt, sind Beziehungen auch danach für die Gestaltung der Freizeit und des Pensioniertenalltags unentbehrlich.

DIE 66-JÄHRIGE GUDRUN B. WAR SCHULHAUSLEITERIN: «Ich war froh, dass ich mit 62 gehen konnte. Die ewigen Konflikte im Team haben meinen Nerven arg zugesetzt. Wie gemütlich sind dagegen die privaten Beziehungen mit meinen Freundinnen und in der Wandergruppe! Wenn ich ehrlich bin, muss ich aber auch eingestehen, dass es jetzt manchmal fast zu harmonisch ist. Rückblickend sehe ich die beruflichen Konflikte etwas anders. Nebst dem mühsamen Knatsch haben wir auch leidenschaftlich über pädagogische Konzepte und persönliche Werte gestritten. Das brachte mein Blut in Wallung – und das fehlt mir jetzt manchmal.»

Wenn Sie Ihr Beziehungsnetz unter die Lupe nehmen, werden Sie feststellen, dass es unterschiedliche Ebenen gibt:

Lebenspartner haben in der Regel gemeinsame Ziele. Sie wollen langfristig miteinander grosse und kleine Lebensträume verwirklichen: Kinder aufziehen, eine Familie wachsen sehen, ein Haus bauen oder eine Wohnung einrichten, gemeinsam fremde Welten erkunden, in einem Freundeskreis mitwirken. Liebe, Erotik und Sexualität sind wichtige Triebkräfte der Beziehung, in späteren Jahren vermehrt auch Zärtlichkeit und gegenseitige Fürsorge.

Lebenspartner gehen miteinander durch Höhen und Tiefen, erleben Erfolge und Enttäuschungen und erwerben im Lauf der Jahre einen riesigen gemeinsamen Erfahrungsschatz. In dieser intimen Beziehung dürfen sie weitgehend «sich selber» sein – auch mit ihren Schwächen und Nöten. Das Vertrauen in die gegenseitige Solidarität ist gereift. Die Perspektive, gemeinsam alt zu werden, konfrontiert die Lebenspartner auch mit der Hinfälligkeit und Endlichkeit des Lebens.

In vielen Ehen ist das Feuer im Lauf der Jahre erloschen. Gewohnheit bestimmt das Zusammensein. Die Zeit nach der Pensionierung bietet neue Möglichkeiten für einen Aufbruch.

Die **Familie** hat einen hohen Stellenwert im Beziehungsnetz. Rund um die Pensionierung erleben viele Menschen einen Generationenwandel: Die eigenen Eltern kommen ins Greisenalter und sterben, die Kinder werden erwachsen und gründen eine neue Familie. Die Herkunftsfamilie schafft eine Verbindung zu den Wurzeln, Enkel erhalten die Spannung auf die Zukunft. Unabhängig davon, ob das Familienleben harmonisch oder problembeladen ist, die Blutsbande gehören zu den prägenden lebenslangen Beziehungen.

Freundschaften wachsen über Jahre. Sympathie ist die Grundlage. Dazu kommen ähnliche Interessen und gegenseitig verträgliche Welt- und Menschenbilder. Eine Freundschaft hat sich in Krisen bewährt. Das erlaubt auch persönliche Kritik, harte Auseinandersetzungen und Enttäuschungen, ohne die Beziehung zu gefährden.

Vielfältig sind die Kreise der **Bekanntschaften, Kolleginnen und Kollegen.** Das sind die Mitglieder in einem Verein, die Teilnehmenden eines Kurses oder freiwillige Helferinnen einer sozialen Einrichtung. Wie im Arbeitsleben ist das ein buntes Gemisch von angenehmen und mühsamen Zeitgenossen, lustigen und interessanten Menschen, Schwätzern und Langweilern.

Die **Nachbarschaft** ist nicht frei gewählt. Gute nachbarschaftliche Beziehungen sind dennoch fürs Wohlbefinden ausserordentlich wichtig. Der Gartenzaun ist mehr als ein Symbol für eine angemessene Abgrenzung zwischen unterschiedlichen Privatsphären.

DER EHEMALIGE BAUARBEITER SANTORO B., 68 Jahre alt, erzählt: «Die engsten Beziehungen hatte ich von jeher in der Familie. Am Arbeitsplatz hatte ich gute Kollegen. Die haben mir nach der Pensionierung gefehlt. Nun haben sich in der Nachbarschaft ganz ähnliche Kontakte entwickelt. Mit einem Nachbarn, der auch viel im Garten ist, findet ein reger Pflanzentausch statt. Ein anderer hat eine kleine Werkstatt. Ich helfe ihm oft und hole bei ihm Werkzeug und Material für meine eigenen handwerklichen Arbeiten.»

Immer mehr Menschen leben nicht in einer Familie oder Ehegemeinschaft. Patchworkfamilien, geschiedene Ehen (und damit oft auch zerrissene Freundeskreise) erfordern ein grosses Geschick, um die wichtigen Kontakte lebendig zu halten. Nach der Pensionierung wächst oft das Bedürfnis, alte Konflikte zu überwinden und schwierige Beziehungen zu klären. Auch Singles gibt es unter den Pensionierten viele. Manche haben keine eigenen Kinder und Enkelkinder. In ihrem Beziehungsnetz haben Freundinnen und Menschen mit gleichen Interessen und Aktivitäten einen umso höheren Stellenwert.

Meine Beziehungen: Bilanz und Ausblick

Wie sieht Ihr persönliches Beziehungsnetz aus? Nehmen Sie sich in einer ruhigen Stunde Zeit, um Wunsch und Wirklichkeit aufzuschreiben. Die folgenden Fragen können zur Klärung beitragen:

- Welche Personen stehen mir emotional am nächsten?
- Mit wem habe ich viele Höhen und Tiefen durchgestanden?
- Zu wem habe ich grosses Vertrauen?
- Wer hört mir zu und versteht mich?
- An wen wende ich mich, wenn es mir schlecht geht?
- Wen kann ich um Unterstützung im Alltag bitten?
- Wer ist räumlich in der Nähe und zeitlich gut verfügbar?
- Mit wem verbringe ich gerne meine Freizeit?
- Wer erzählt mir von sich und sucht meine Anteilnahme?
- Wer bietet mir ein kritisches Gegenüber?
- Mit wem trage ich Konflikte aus?
- Wem gehe ich aus dem Weg? Warum?
- Wen möchte ich neu / besser kennenlernen? Was interessiert mich an ihm / ihr?

> **CHANCE** *Sie haben nun mehr Zeit und Energie, um private Beziehungen zu pflegen – Sie können Präsenz zeigen. Erwarten Sie aber nicht, dass Ihr Umfeld Ihnen Kontaktwünsche von den Lippen abliest. Machen Sie klar, dass für Sie ein neuer Lebensabschnitt beginnt. Laden Sie alte Freundinnen und Freunde zu einem Pensionierungsfest oder sympathische Nachbarn zu einer Grillparty ein. Organisieren Sie ein Ehemaligentreffen mit Ihren Ausbildungs- oder Studienkollegen.*

Neue Phase in der Partnerschaft

In jeder Zweierbeziehung bilden sich im Laufe der Jahre ausgeklügelte Muster heraus. Die Funktionen «Geldverdienen» und «Hausarbeiten» sind verteilt, Zuständigkeiten und Entscheidungskompetenzen mehr oder we-

119

niger bewusst ausgehandelt. Es ist zum Beispiel klar, wer Geburtstagsgeschenke für die Enkel einkauft, wer die Steuererklärung ausfüllt, wer bei dicker Luft den Konflikt anspricht, beim Frühstück einen Traum erzählt oder den Kopf hinter die Zeitung steckt. Die Pensionierung schüttelt dieses bewährte System kräftig durch.

Zudem zeigen die sichtbaren Funktionen in einer Paarbeziehung nur die Spitze des Eisbergs. Darunter verbergen sich zwei individuelle – manchmal recht unterschiedliche – Lebensentwürfe. Im Laufe eines langen Zusammenlebens mit vielen Kompromissen haben sie vielleicht ihre Konturen verloren. Was davon konnten Sie realisieren, was ist irgendwo auf der Strecke geblieben? Vor Ihnen liegt noch eine lange gemeinsame Zeit. Was erhoffen Sie sich davon, und was Ihre Partnerin, Ihr Partner? Das herauszufinden und auch längst verschüttete Wünsche an die Oberfläche zu holen, könnte ein spannendes Unternehmen werden!

Gemeinsamer Neubeginn

Geht ein Paar gleichzeitig in Rente, ist es offenkundig, dass beide die neue Lebensphase zusammen planen müssen. Mann und Frau verlassen ihren Arbeitsplatz mit einem sozialen Umfeld. Sie geben ihre Identität als Berufsmenschen auf. Vor ihnen liegt viel Neuland und Zeit, um dieses zu erkunden und zu gestalten.

CHANCE Versuchen Sie, Wünsche in Abmachungen zu verwandeln: Schreiben Sie jeder für sich auf, was Sie von der Zukunft erwarten. Was möchten Sie allein unternehmen, was gemeinsam mit Ihrer Partnerin, Ihrem Partner? Wie sollen die Aufgaben neu verteilt werden? Besprechen Sie Ihre Listen und treffen Sie konkrete Abmachungen. Überprüfen Sie diese nach einem festgelegten Zeitraum (zum Beispiel einem halben Jahr) und nehmen Sie die erforderlichen Anpassungen vor.

Autonomie und Gemeinsamkeit

Die Bedürfnisse nach Nähe und Distanz, nach Gemeinsamkeit und Unabhängigkeit spielen in jeder Beziehung eine grosse Rolle. Das System, das sich während der Berufsjahre eingespielt hat, gilt es nach der Pensionierung neu auszutarieren. Stecken zwei Menschen über längere Zeit zu nahe beisammen, erstickt die Beziehung. Gehen sie hingegen völlig unabhängig ihrer Wege, laufen sie Gefahr, sich zu verlieren.

Die Aufgabe der Berufstätigkeit verändert das Beziehungsnetz grundlegend. Bedürfnisse nach menschlicher Anteilnahme, Anerkennung und Herausforderung werden teilweise vom Erwerbsleben in den privaten Bereich verlagert. Dies kann eine Partnerschaft beleben. Nicht selten rücken Paare nach der Pensionierung enger zusammen und erleben eine unerwartete Intensität ihrer Beziehung. Problematisch wird die traute Zweisamkeit, wenn sich beide gegen aussen zu sehr abschotten. «Was kümmert uns die Welt, solange wir beide zusammenhalten?» Dieses Motto führt rasch in eine bedrückende Enge.

Legen Sie deshalb die gemeinsamen und unabhängigen Bereiche für sich fest und besprechen Sie dies mit Ihrer Partnerin, Ihrem Partner:

SCHWIERIGE GESPRÄCHE IN DER PARTNERSCHAFT

Konflikte sind in einer Paarbeziehung unvermeidbar. Wichtig ist, dass sie konstruktiv ausgetragen werden:

- Wenn einmal die Fetzen fliegen oder die Rollläden heruntergehen, ist eine Verschnaufpause angesagt. Vereinbaren Sie, wann Sie über das strittige Thema weiterreden wollen. Gehen Sie dafür möglichst an die frische Luft und an einen Ort, wo Sie ungestört sind. Das Gleiche gilt für schwelende Konflikte, die Sie bedrücken.
- Geben Sie sich gegenseitig je eine Viertelstunde Zeit, um das Problem zu beschreiben. Verzichten Sie auf Schuldzuweisungen. Erzählen Sie von sich: Was für Gefühle lösen die umstrittenen Ereignisse oder Verhaltensweisen bei Ihnen aus? Während der festgelegten Zeit hört das Gegenüber zu, ohne etwas zu entgegnen.
- Nun überlegen sich beide Beteiligten: Was kann ich zur Konfliktlösung beitragen? Berichten Sie einander über die gefundenen Lösungsschritte. Suchen Sie gemeinsam nach weiteren Varianten, die eine Verbesserung bewirken können.
- Verzichten Sie auf jede Form von Beschimpfungen und verbalen Verletzungen sowie auf pauschale Anschuldigungen in der Form von «Immer machst du …» oder «Nie im Leben würdest du …». Gift für Gespräche ist auch die Zuordnung von negativen Charaktereigenschaften wie Egoist, Lügnerin, Chaotin oder Ordnungsneurotiker.
- Bedenken Sie, dass Sie einen erwachsenen Menschen nicht «nacherziehen» können. Sie können bestenfalls Ihr eigenes Verhalten ein wenig ändern – und das bewirkt gelegentlich Wunder beim Gegenüber.

- Was sind Aktivitäten, Freizeitbeschäftigungen oder Lebensbereiche, die Sie gemeinsam angehen wollen?
- Was möchten Sie allein tun?
- Was möchten Sie mit andern Personen unternehmen? Mit wem?

TRUDI G., 57, SINGT IN EINEM KLEINEN CHOR MIT, der häufig an privaten Festen und sozialen Anlässen auftritt: «Wir haben es oft lustig zusammen. Neben der seriösen Probenarbeit wird viel gewitzelt und geschäkert. Mein Mann tönte letzthin an, nach der Pensionierung hätte er auch Zeit und Lust, im Chor einzusteigen. Da habe ich bei mir sofort einen inneren Widerstand gespürt. Das ist etwas, das ich nicht mit ihm teilen will.»

CHANCE *Reden Sie über Ihre Beziehung? Vor Veränderungen, bei Problemen oder in periodischen Abständen? Auf einem Spaziergang oder bei einem Nachtessen im Landgasthof sind solche Gespräche besonders ergiebig.*

Zärtlichkeit und Sexualität

Noch vor zwei Generationen war das Thema Sexualität im Alter ein Tabu. Seither belegten viele Studien, dass eine Mehrheit der älteren Menschen sexuell aktiv ist und dass sich dies positiv auf die Gesundheit und das Wohlbefinden auswirkt. Überwunden ist das Tabu aber noch nicht: In der Werbung und in den Massenmedien sind Erotik und Sexualität meistens verbunden mit Jugend und Schönheit.

Menschen, die in jungen Jahren sexuell aktiv waren und Freude daran hatten, geniessen die Sexualität häufig auch im Alter. Wer eine grosse Variationsbreite erotischer und sexueller Formen entwickelt hat, dem stehen auch in späteren Jahren viele Möglichkeiten offen. Bei einem unbefriedigenden Sexualleben bietet ein gewisses Alter hingegen eine gute Legitimation zum Aufhören.

Zum Recht auf sexuelle Betätigung gehört auch das Recht, sich für sexuelle Abstinenz zu entscheiden. Mann und Frau sind sich in dieser Frage oft nicht einig. Das Interesse an der Sexualität wandelt sich nicht automatisch im gleichen Mass und Zeitpunkt. Wichtig ist, dass Sie sich immer wieder offen über Ihre Bedürfnisse, Erwartungen, Hoffnungen und Ängste aussprechen. Bis ins hohe Alter bleiben viele Wege für Sexualität, Liebe und Zärtlichkeit offen.

Erotische Ausstrahlung und gegenseitige Anziehung kennen erfreulicherweise keine Altersgrenze. Wenn die Haut runzlig wird und Fettpölsterchen sich nicht mehr an gängige Schönheitsideale halten, kommen andere Werte zum Zug: die Gelassenheit, den eigenen Körper gern zu haben, wie er ist; lebendige Neugier und Offenheit gegenüber andern Menschen; Fantasie, um mit der Partnerin, dem Partner immer wieder etwas Neues zu erleben; gegenseitige Anteilnahme und Fürsorge. Menschliche Wärme und Charme sind die beste Nahrung für gelegentliche romantische Gefühle und Lust – bis ins hohe Alter.

DORIS B., 71, hatte es früher manchmal gerne kurz und heftig, gewissermassen Sex pur. Jetzt mag sie das nicht mehr: «Ich brauche Nähe, Geborgenheit und Zärtlichkeit. Das fängt lange, bevor wir miteinander ins Bett gehen, an: mit gegenseitiger Aufmerksamkeit, einem lieben Blick, einer Neckerei. Die Übergänge zwischen Zärtlichkeit und Sex sind fliessender geworden, und es ist nicht mehr so wichtig, dass es zu einem Höhepunkt kommt.»

Das ändert sich im sexuellen Erleben

Eine gesunde Lebensweise, ausgewogene Ernährung, gute Körperpflege, Zahn- und Mundhygiene, viel Bewegung, Geselligkeit und vielfältige soziale Beziehungen schaffen günstige Voraussetzungen, um sexuell attraktiv zu bleiben und eine Liebesbeziehung zu erhalten oder neu zu entwickeln. Andererseits gibt es einige altersbedingte Veränderungen:

Anders als in der Jugendzeit dauert es **beim Mann** in der Regel länger, bis er sexuell erregt ist. Der Penis wird langsamer steif. Die Erektion erreicht nicht mehr die frühere Stärke, ist aber noch ausreichend, damit der Penis in die Scheide eingeführt werden kann. Die Phase zwischen Erektion und Orgasmus dauert hingegen länger. Der Samenerguss ist geringer, der Orgasmus weniger heftig, bereitet deswegen aber kaum weniger Lust. Danach bildet sich der Penis rasch in den «Normalzustand» zurück. Und es braucht eine längere Ruhezeit, bis eine erneute Erektion möglich ist.

Durch die Wechseljahre, das allmähliche oder plötzliche Ausbleiben der Monatsblutung, erlebt **die Frau** deutlicher als der Mann den Übergang in eine neue Lebensphase. Die Chance, Kinder zu gebären, erlischt definitiv – ebenso wie die Angst vor unerwünschter Schwangerschaft. Die sexuelle Erlebnisfähigkeit bleibt hingegen erhalten. Die hormonelle Umstellung bewirkt eine Veränderung der sexuellen Reaktionsweisen: Es kann nach Beginn der sexuellen Erregung mehrere Minuten dauern, bis die vaginale Gleitsubstanz abgesondert wird. Die Dehnbarkeit der Vagina nimmt ab. Dies kann zu Beschwerden führen. Die Orgasmusphase der älteren Frauen ist meistens kürzer als bei jüngeren.

PAULA B. ERZÄHLT: «Ich bin 62 Jahre alt, mein Partner ist 72. Wir sind nicht verheiratet, verbringen aber viel Zeit zusammen. Unser Sexualleben klappt sehr gut, ich mag es fast nicht sagen… Sexualität im Alter ist eine grosse Beglückung und Bereicherung. In einer Beziehung kommt es sehr aufs Verstehen an. Es braucht nicht immer der Geschlechtsakt zu sein. Die Zärtlichkeit, liebe Blicke, ein Streicheln, eine gemeinsame Arbeit können enorm binden. Ich glaube, das ist auch die Grundlage für eine schöne sexuelle Beziehung. Im Alter müssen die Gefühle nicht mehr himmelhochjauchzend sein. Vielleicht ist man abgeklärter, toleranter, dankbar für die Geschenke des Lebens. Ja, Liebe im Alter ist etwas Wunderbares.»

Angst vor Impotenz macht impotent
Dass ein Mann nicht immer kann, erlebt er schon lange vor der Pensionierung. Die Angst vor dem «Versagen», sexuelles Leistungsstreben und allgemeiner Stress sind schlechte Voraussetzungen für ein glückliches Liebesspiel.

In der zweiten Lebenshälfte haben Erektionsstörungen häufiger auch hormonelle und körperliche Gründe: Bei Krankheiten wie Diabetes und Arteriosklerose sind die Gefässe schlecht durchblutet, es fliesst zu wenig Blut in die Schwellkörper. Die Erektion ist deshalb zu schwach oder hält nicht an. Verschiedene Psychopharmaka und Herz-Kreislauf-Medikamente beeinträchtigen ebenfalls die Lust.

DER 64-JÄHRIGE KURT Z. BERICHTET: «Ich war total schockiert, als es im Bett nicht mehr funktionierte. Meine Frau gab sich alle Mühe, sagte, Zärtlichkeit sei ebenso schön und ich solle mich nicht stressen. Nun kam ich mir erst recht wie ein alter Mann vor.

Ich schämte mich unglaublich und zog mich immer mehr zurück. Zärt-
lichkeiten wehrte ich ab, weil ich gar keine Situation mit neuen Pein-
lichkeiten entstehen lassen wollte. Als die Beziehung immer schlechter
wurde, redete ich endlich mit meinem Hausarzt über die Probleme.
Er stellte dann fest, dass ich gesund bin. Ich habe akzeptiert, dass ich
nicht mehr ‹allzeit bereit› bin, und freue mich, wenns trotzdem klappt.»

Ein Teil der körperlich bedingten Erektionsprobleme lässt sich mit Medi-
kamenten behandeln, die den Blutstrom in den Schwellkörpern anregen.
Bevor Sie Potenzpillen konsumieren, sollten Sie unbedingt mit Ihrer Partnerin und einem Arzt sprechen. Viele Männer scheuen sich vor einem solchen Schritt und bestellen Viagra, Testosteron und obskure Potenzmittel
im Internet. Damit gehen sie ein hohes Risiko ein, denn im Internethandel
tummeln sich neben seriösen Firmen auch profitgierige Scharlatane.

Den Alltag neu organisieren

Veränderungen betreffen nicht nur die Beziehungsebene, sondern auch
ganz handfest die Organisation des Haushalts. Wenn der Mann seine
Berufstätigkeit von einem Tag auf den andern aufgibt, während die Frau
schon seit Jahren «hauptamtlich» als Hausfrau wirkt, ist ein sorgfältiges
Aushandeln der neuen Zuständigkeiten besonders wichtig. Denn für den
Mann gilt es, sich eine neue, kleine Welt einzurichten, während seine Part
nerin bereits ihren erprobten Rhythmus samt einem funktionierenden Beziehungsnetz hat.

EUGEN D., 66, ERZÄHLT, wie der Ruhestand anfänglich
Schwierigkeiten mit sich brachte: «Ferien zu Hause – das hatte ich
noch nie erlebt. Wir waren in den Ferien immer ins Ausland oder in
die Berge verreist. Nun sass ich zu Hause und genoss das süsse Nichtstun.
Doch nicht lange. Meiner Frau ging das schon nach wenigen Tagen
auf die Nerven. Sie machte wie bisher den Haushalt, traf ihre Freundinnen, besuchte ihre kranke Mutter und ging in ihre Gymnastikgruppe.
Ich kam mir am Anfang vor wie ein Gast im eigenen Haus oder sogar
wie ein Eindringling. Es dauerte Monate, bis ich meine eigenen Aufgaben und einen neuen Rhythmus gefunden hatte.»

TIPP *Loriot spielt im Film «Pappa ante Portas» einen Direktor, der überraschend freigestellt wird. Der Frühpensionierte beschliesst, seine beruflichen Kompetenzen nun ganz in den Dienst der Familie zu stellen und zuerst einmal den Haushalt auf Vordermann zu bringen. Das treibt seine Ehefrau rasch an den Rand des Wahnsinns. Ein köstlicher Film über ein nur allzu verbreitetes Problem!*

Häufig sind Männer älter als ihre Partnerin. Werden sie vor ihren Frauen pensioniert, kann dies verschiedene Probleme verursachen:

- Neid: Wer morgens früh zur Arbeit hastet, wirft vielleicht einen schiefen Blick auf den Partner, der im Morgenrock gemütlich noch einen Tee trinkt. Umgekehrt würde mancher Ruheständler gerne nochmals in die Hosen steigen, um in einem beruflichen Umfeld interessante Leute zu treffen.
- Pensionierte Männer, die – mehr oder weniger zwangsläufig – vermehrt Hausarbeiten übernehmen, erleben dies gelegentlich als sozialen Abstieg. Mit der Geringschätzung von häuslichen Tätigkeiten werten sie gleich auch ihr Rentnerdasein ab.

CHANCE *Setzen Sie sich im Haushalt Ziele, die Sie herausfordern und sichtbare Ergebnisse bewirken: Probieren Sie zum Beispiel beim Kochen neue Rezepte aus. Backen Sie einen feinen Kuchen. Dekorieren Sie die Wohnung mit selbst gepflückten Blumen. Und freuen Sie sich an der Freude Ihrer Partnerin.*

Häufiger reduzieren Frauen ihre Berufsarbeit oder geben sie ganz auf, während die Männer noch voll erwerbstätig bleiben – und übernehmen selbstverständlich den grossen Teil der Hausarbeit. Das erweist sich oft als Falle: Nach zwei, drei Jahren sind beide pensioniert, doch die einseitige Rollenaufteilung bleibt.

HINWEIS *Haben Sie sich und Ihre Lebenssituation in den geschilderten Beispielen teilweise erkannt? Oder sieht Ihr Partnerhaushalt ganz anders aus? Wie auch immer: Irgendeine Rollenaufteilung wirkt in jeder Partnerbeziehung. Diese gilt es anlässlich der Pensionierung genau anzusehen!*

Neue Rollenteilung

In schweizerischen Haushalten schwingen überwiegend die Frauen den Besen und den Kochlöffel. Dies ist bei Paaren mit zwei voll Berufstätigen so – und erst recht bei konventioneller Rollenteilung. In der Regel sind die Männer mit einem vollen Pensum erwerbstätig. Frauen steigen während der Familienphase meistens ganz oder teilweise aus dem Berufsleben aus und arbeiten später häufig mit einem Teilzeitpensum weiter.

Nach der Pensionierung fallen die äusseren Gründe für die weibliche Dominanz und die männliche Abstinenz beim Kochen, Waschen und Putzen weg. Die inneren Rollenbilder ändern sich hingegen nicht so schnell. Das sind gute Gründe, um über die Aufgabenverteilung in einem partnerschaftlichen Haushalt zu reden.

Wer ein Jahr lang alle anfallenden Tätigkeiten aufschreibt, erhält eine lange «Ämtli-Liste»:

- Lebensmittel und Getränke einkaufen
- Vorräte bewirtschaften (Weinkeller, Konfitüre, Obst und Gemüse)
- Kochen
- Putzen
- Wäsche waschen, flicken und versorgen
- Schuhe putzen
- Wohnung gestalten, Raumpflanzen betreuen
- Aufräumen, Papier, Glas usw. entsorgen
- Sozialkontakte pflegen, Gäste einladen und bewirten
- Ausflüge und Ferien organisieren
- Hund ausführen, Katze füttern, Goldfisch betreuen
- Gartenarbeiten, Rasen mähen
- Handwerkliche Arbeiten, Renovationen, Heizung
- Rechnungen kontrollieren und zahlen
- Steuerunterlagen sammeln und Steuererklärung ausfüllen
- Fahrzeugpark instand halten (Velos putzen, Langlaufskier wachsen, Autoreifen wechseln)
- Aussenstehende Dienstleister betreuen (Kaminfeger, Putzfrau, Handwerker usw.)

CHANCE *Wäre der weise Salomon in Haushaltsfragen konsultiert worden, hätte er für die Aufgabenverteilung vielleicht folgendes Vorgehen vorgeschlagen: Mann und Frau erstellen gemeinsam* *eine Liste aller «Ämtli», die erledigt werden müssen. Dann wählen sie abwechslungsweise ein Ämtli nach dem andern aus – zuerst natürlich die beliebten, dann die lästigen. Am Schluss können sie – im gegenseitigen Einverständnis – noch einzelne Aufgaben gegen andere tauschen. So übernehmen beide, was sie am liebsten oder doch am wenigsten ungern tun.*

Es ist empfehlenswert, die Verteilung der Aufgaben periodisch zu überprüfen und veränderten Umständen anzupassen. Selbstverständlich sollten Sie dabei auch gesundheitliche Einschränkungen und die Belastung durch feste Verpflichtungen berücksichtigen (zum Beispiel die Betreuung von kranken Eltern).

Sinnvoll kann es auch sein, sich bei einzelnen Aufgaben abzuwechseln: Einen Monat lang erledigt er die Einkäufe, dann macht sie das. Ebenso beim Kochen oder der Wäsche. Im Berufsleben heisst dies Jobrotation – und ist ein bewährtes Mittel, um das Aufkommen von Langeweile bei Routinearbeiten zu verhindern. Im Hinblick auf das höhere Alter ist es ohnehin wertvoll, wenn beide Lebenspartner alle Arbeiten autonom erledigen können.

CHANCE *Lernen Sie von Ihrer Partnerin, Ihrem Partner. Scheuen Sie nicht vor ungewohnten Geschlechterrollen zurück, arbeiten Sie sich in neue Gebiete ein. So werden Männer zu leidenschaftlichen toskanischen Köchen, und Frauen optimieren die Steuererklärung oder nehmen die Wohnungsrenovation an die Hand!*

Aufgaben und Kompetenzen delegieren
Vorsicht: Männer geraten im Haushalt häufig in eine unbefriedigende Assistentenrolle. Der kritische Blick der erfahrenen Hausfrau ist für gestandene Männer, die am Herd ein neues Rezept ausprobieren, nicht immer ermutigend. Denken Sie also daran: Wer eine neue Aufgabe übernimmt, braucht auch entsprechende Kompetenzen – und das Recht, aus eigenen Fehlern zu lernen.

Freuden und Schwierigkeiten des Alleinlebens

Unsere Gesellschaft ist stark auf die Familie und die Ehe ausgerichtet. Immer mehr weicht die Wirklichkeit aber von dieser Norm ab. Die Familienbande lockern sich, die Ehe wandelt sich vom lebenslänglichen Bund zur Partnerschaft auf Zeit. Der Trend in Richtung Einpersonenhaushalt hält an.

Es gibt verschiedene Motive fürs Alleinsein. Es kann reizvoll sein, den eigenen Lebensraum individuell zu gestalten – ohne die Bedürfnisse anderer berücksichtigen zu müssen. Kompromisse und Konflikte erübrigen sich. Oft ist das Single-Dasein aber nicht gewollt, sondern Folge des Partnerverlusts durch Trennung oder Tod. Jeder fünfte Mann über 50 ist unverheiratet – bei den Frauen ist dieser Anteil doppelt so hoch. Frauen haben eine höhere Lebenserwartung und sind in Partnerschaften durchschnittlich zwei bis drei Jahre jünger als ihre Männer, was die Dauer der Witwenschaft zusätzlich erhöht. Ältere Männer lassen sich zudem nach dem Verlust der Partnerin rascher auf eine neue Beziehung ein – häufig mit einer wesentlich jüngeren Frau. Das Alter – und das Alleinleben – ist also vorwiegend weiblich. Auf fünf Witwen im Rentenalter kommt ein Witwer.

Alleinleben bedeutet aber nicht zwangsläufig Einsamkeit. Viele Alleinlebende haben eine feste Beziehung, treffen ihre Partnerin oder ihren Partner regelmässig, verbringen zusammen einen Teil der Freizeit und unterstützen sich bei Bedarf.

ASTRID B., 58, lernte ihren Partner am Arbeitsplatz kennen, als sie beide schon die Familienphase hinter sich hatten und geschieden waren: «Bei uns stimmt der Satz: ‹Gegensätze ziehen sich an›. Das sieht man auch an unseren Wohnungen: Bei ihm ist alles picobello aufgeräumt, bei mir herrscht ein kreatives Chaos. Obwohl wir nicht zusammen wohnen, wollen wir miteinander alt werden. Unsere Partnerschaft bleibt lebendiger, wenn wir genügend Distanz haben.»

Alleinstehende leiden häufiger unter Gefühlen der Einsamkeit, Nutzlosigkeit und Angst als Angehörige eines Mehrpersonenhaushalts. Dies trifft besonders dann zu, wenn das Alleinsein nicht gewollt, sondern durch Schicksalsschläge verursacht worden ist. Sind erwachsene Kinder da, leben sie infolge der zunehmenden Mobilität häufiger in der Ferne. Beziehungen zu Freunden, Bekannten, Verwandten oder Nachbarn sind deshalb besonders wichtig. Achten Sie auf Folgendes:

- Nehmen Sie erste Anzeichen von Einsamkeit und Langeweile sowie Gefühle der Sinn- und Nutzlosigkeit ernst.
- Fragen Sie sich, welche Art von Beziehung Ihnen fehlt. Suchen Sie eine Liebesbeziehung? Oder brauchen Sie verlässliche Freunde und Freundinnen, Gleichgesinnte, mit denen Sie sich für ein politisches, gesellschaftliches, soziales oder kulturelles Anliegen einsetzen können? Wünschen Sie sich gesellige Bekanntschaften für Ausflüge oder Reisen, Spiele und sonstige Freizeit?
- Planen Sie entsprechende Aktivitäten, denn nur «draussen» lernen Sie andere Menschen kennen.

TIPP *Viele Freizeiteinrichtungen, Seniorenorganisationen, Kurse oder Reisen bieten Ihnen ausgezeichnete Gelegenheiten, um Menschen mit ähnlichen Interessen zu begegnen. Anregungen finden Sie im Kapitel 4, «Freizeit – kostbare neue Freiheit», Seite 91).*

Kleine Netze

Abends immer allein am Küchentisch sitzen? Das wollte eine 72-jährige Rentnerin nicht mehr. Also lud sie drei ebenfalls ältere Frauen zu einem Nachtessen ein und gründete mit ihnen eine Essgemeinschaft. Einmal wöchentlich treffen sich die vier Frauen nun zu einem gemeinsamen Abendessen – abwechslungsweise bei einer von ihnen zu Hause.

Kleine nachbarschaftliche Gemeinschaften lassen sich mit etwas Mut und Kreativität ohne grossen Aufwand privat organisieren. Sie bringen allen Beteiligten unmittelbar einen Nutzen. Auch mit Blick aufs höhere Alter sind sie – nicht nur für Alleinlebende! – sehr wertvoll.

Traumpartnerin, Traumpartner im Internet

Möchten Sie noch einmal einen Partner, eine Partnerin finden, nochmals eine nahe Beziehung wagen? Gleichgesinnte lernen Sie im Freundeskreis oder beim Ausgehen kennen – und natürlich im Internet (Plattformen finden Sie im Anhang). Die «Schatzsuche mit der Maus» ist zu einer beliebten Freizeitbeschäftigung von vielen – auch grauhaarigen – Singles geworden. Die Vorteile liegen auf der Hand:

- Die Auswahl an Partnerinnen und Partnern ist riesengross. Mit einer geschickten «Rasterfahndung» finden Sie in kurzer Zeit zahlreiche Personen, die Ihrem Anforderungsprofil – wenigstens auf dem Bildschirm – optimal entsprechen.
- Im geschützten Rahmen des eigenen Wohnzimmers oder Büros gestalten Sie Ihr eigenes Profil, wählen potenzielle Traumpartner aus und schreiben ohne lästiges Herzklopfen Ihre erste Liebesmail.
- Decknamen gewährleisten Anonymität. Sie entscheiden selber, wann Sie Ihren wahren Namen aufdecken.
- Die Benutzung der elektronischen Kontaktplattformen ist verhältnismässig kostengünstig. Dennoch lohnt es sich, zuerst kostenlos zu schnuppern. So finden Sie heraus, welche Plattform Ihnen zusagt.

Natürlich gibt es auch Schattenseiten:
- Die persönliche Ausstrahlung eines Menschen lässt sich im Internet nur beschränkt vermitteln.
- Nicht alle Personen, die Ihnen eine E-Mail schicken, sind an einer ernsthaften Beziehung interessiert. Bevor Sie jemanden treffen, telefonieren Sie mit ihm oder ihr. Schicken Sie nie Geld (zum Beispiel für ein Bahnbillet)! Fürs erste Date wählen Sie einen öffentlichen Ort, zum Beispiel für ein Mittagessen ein Restaurant.

Alte und neue Freundschaften

Wie viele gute Freundinnen und Freunde haben Sie? Wo ziehen Sie die Grenze zwischen guten Bekannten, Kolleginnen und Freunden? Was macht eine Freundschaft aus?

BETTINA Z., 59, ging es nach der Trennung von ihrem Mann schlecht: «Ich sah alles durch einen dicken Nebel, hatte den Glauben an mich selber weitgehend verloren und konnte in dieser Stimmung auch nicht auf unbekannte Menschen zugehen. Eine alte Schulfreundin und eine Arbeitskollegin haben mir in dieser schwierigen Zeit die Treue gehalten. Viele vermeintliche Freunde zogen sich hingegen zurück. Das waren offenbar Beziehungen, die nur bei schönem Wetter taugten.»

Freundschaften sind die starken Fäden eines Beziehungsnetzes. Sie reissen nicht im ersten Sturm. Das erfordert nicht nur gegenseitige Zuneigung. Erst wenn die Beziehung auch Krisen überlebt hat, wenn man erfahren hat, dass Schwächen gezeigt werden dürfen, dass man Fehler machen darf und mit Hilfe der Freunde daraus etwas lernen kann, entstehen Vertrauen und Geborgenheit.

CHANCE *Eine gute Beziehung basiert auf vielem: geben und nehmen, zuhören und erzählen, Freude bereiten und empfangen, gemeinsam glückliche Stunden erleben und gemeinsam Leid tragen. Welche Freundschaft haben Sie in letzter Zeit vernachlässigt? Was können Sie tun, um diese Beziehung zu beleben? Mit wem möchten Sie wandern oder ins Kino gehen? Unternehmen Sie den ersten Schritt!*

Roter Faden im Leben

Alte Freundschaften schaffen eine Verbindung zur Vergangenheit, vielleicht sogar zu Kindheit und Jugend. Am Anfang standen ähnliche Lebensentwürfe, Träume und Leidenschaften. Was ist daraus geworden? Wie haben die Freundinnen und Freunde ihren Lebensweg bewältigt – wie ist das mir gelungen? Im offenen Gespräch mit guten Freunden lassen sich neue Erkenntnisse zu existenziellen Fragen gewinnen.

Neue Freundschaften entstehen auch in reifen Jahren. Persönliche Sympathie und gemeinsame Interessen stellt man schon bei kurzen Begegnungen fest. Bis aus einer Bekanntschaft allerdings eine Freundschaft wächst, braucht es Zeit und unterschiedliche Erfahrungen. Durch gemeinsame Aktivitäten lassen sich neue Beziehungen vertiefen. Wenn Sie die Herkunft, die Lebensgeschichte und das soziale Umfeld Ihrer Bekannten kennenlernen, finden Sie einen neuen Zugang zu deren Persönlichkeit. Das setzt natürlich voraus, dass Sie sich selber öffnen und Einblicke in Ihr Empfinden bieten. Die Nagelprobe jeder Freundschaft ist das Auftauchen der Schattenseiten: Sie entdecken, dass der lebensfrohe Mensch auch schlechte Launen hat, andere politische Ansichten vertritt und vielleicht geizig (oder verschwenderisch) ist. Wahrscheinlich entdecken Ihre neuen Freunde und Freundinnen bei Ihnen Ähnliches. In Konflikten werden die Ecken und Kanten der Menschen sichtbar, aber auch die Bereitschaft zur Toleranz.

SUSI B. UND IHR MANN hatten bis zur Pensionierung nicht viel Zeit für soziale Kontakte: «Gelegentlich gab es ein Nachtessen zu viert, einen Geburtstag im kleinen Freundeskreis. Nun sind unsere Aktivitäten breiter geworden: Ein Freund organisiert gemeinsame Theaterbesuche. Wir treffen uns immer vorher zum Nachtessen, und er erzählt etwas über das Stück. Wir sind eher Naturtypen und bereiten Wanderungen und Pilzausflüge vor. So lernen wir einander von ganz neuen Seiten kennen.»

CHANCE Wer sind Ihre Freundinnen und Freunde? Machen Sie eine Liste. Wann haben Sie zum letzten Mal mit jedem / jeder von ihnen etwas unternommen? Vielleicht kommen Sie zum Schluss, dass Sie wichtige Beziehungen vernachlässigen. Schreiben Sie auf, was Sie tun werden, und setzen Sie Ihre Vorhaben konsequent um.

Haustiere – treue Freunde

Ein Hund oder eine Katze spielt im Leben von vielen älteren Menschen eine zentrale Rolle. Wer ein Tier hat, wird gebraucht. Täglich muss das Futter besorgt und angerichtet werden. Hunde brauchen Bewegung, also unternimmt man täglich einen Spaziergang.

Wissenschaftler haben herausgefunden, dass sich der Blutdruck senkt und der Puls verlangsamt, wenn ein Mensch einen Hund oder eine Katze streichelt. Der Mensch entspannt sich, und dem Tier tuts auch gut.

DIE ALLEINSTEHENDE ERNA D., 71, erzählt über die Beziehung zu ihrem Hund: «Ich gehe jeden Morgen mit ihm über die Felder bis zum Waldrand. Gemeinsam erleben wir, wie die Jahreszeiten kommen und gehen. Natürlich weiss ich am besten, was er zum Fressen gern hat. Er wäre ohne mich verloren – und ich kann mir ein Leben ohne meinen Hund auch nur schwer vorstellen.»

Nicht selten hilft ein Haustier über Enttäuschungen und Gefühle der Einsamkeit hinweg. Alleinstehende bleiben dank Haustieren regsamer, an ihrer Umwelt mehr interessiert und mobil. Häufig ist der kleine Hund oder die Katze Thema für ein erstes Gespräch mit Unbekannten, Nachbarinnen oder andern Tierhaltern – so ergeben sich auch neue menschliche Kontakte.

Richtig wohl ist einem Tier allerdings nur, wenn es artgerecht gehalten wird. Bevor Sie ein Haustier anschaffen, sollten Sie deshalb einige Fragen klären:

- Was für räumliche Bedürfnisse hat das Tier?
- Wie viel Futter benötigt es?
- Wie viel Bewegung braucht der Hund, wie viel Auslauf die Katze?
- Wie alt wird die Riesenschildkröte?
- Wie viel Pflege braucht Ihr vierbeiniger Freund?
- Wer versorgt den Kanarienvogel und die Katze während Ihren Ferien?
- Was für Kosten verursacht das Tier (Anschaffung, Käfig, Schlafplatz, Impfungen, Kastration, Steuer, Futter, Reisen mit der Bahn, Hotelzuschläge, Fremdbetreuung während Ihrer Abwesenheit)?

CHANCE *Maus oder Elefant? Wählen Sie ein Haustier, das Ihrem Temperament sowie Ihren räumlichen, gesundheitlichen, zeitlichen und finanziellen Möglichkeiten entspricht!*

Zusammenleben der Generationen

Kinder und Enkel schaffen eine natürliche Basis für Begegnungen mit Menschen der nachfolgenden Generationen. Auch Patenkinder, die Familien von Geschwistern und Freunden sind solche «Brücken zur Zukunft». Gleichzeitig gilt es, von den eigenen Eltern und deren Generation allmählich Abschied zu nehmen.

Der Übergang vom Berufsleben in den Ruhestand markiert einen Generationenwechsel. Jüngere übernehmen Verantwortung, Sie ziehen sich ins zweite Glied zurück. Gleichzeitig krabbeln vielleicht Ihre Enkelkinder herum, während Ihre eigenen Eltern alt und gebrechlich werden. Das Erleben dieser Generationenfolge verbindet Traurigkeit und Hoffnung und ist für die Verankerung im Leben äusserst wichtig. Grund genug, die Beziehungen zwischen verschiedenen Generationen genauer anzusehen.

CHANCE *Bleiben Sie am Ball, indem Sie den Kontakt zu Menschen aller Generationen suchen. Mehrgenerationen-Familien bieten dafür beste Möglichkeiten. Wer keine Nachkommen hat, profitiert vielleicht von der regelmässigen «Blutauffrischung» in einem Verein oder von generationenübergreifenden Kontakten in der Nachbarschaft.*

ROLF G., 63, war selbständiger Unternehmensberater. Bis 25 spielte er intensiv Handball: «Während der Familienzeit wurde ich dann etwas ruhiger; ich trainierte eine Jugendmannschaft und war später Schiedsrichter. Jetzt spiele ich in einer Altherren-Plauschgruppe und arbeite im Vorstand mit. Die Geselligkeit neben dem Spielfeld ist viel wichtiger geworden. Es ist schön, wie Junge und Alte im Verein am gleichen Strick ziehen.»

Pflegebedürftige Eltern – Rollenumkehr

Die zunehmende Langlebigkeit verändert das Generationengefüge: Menschen, die sich auf die Pensionierung vorbereiten und vielleicht schon Grossmutter oder Grossvater sind, haben häufig selber noch Eltern. Einerseits freuen sie sich an den Enkeln, andererseits braucht möglicherweise ein gebrechlicher Vater oder eine verwirrte Mutter Unterstützung. In dieser Sandwichposition kommen die offenen und versteckten Erwartungen – meistens an die Töchter und Schwiegertöchter – gleich von mehreren Seiten.

HINWEIS *Brauchen alte Eltern Unterstützung, ist ein offenes Gespräch unter allen Beteiligten angesagt. Treffen Sie klare Vereinbarungen, wer welche Aufgaben übernimmt, und sorgen Sie für eine gleichmässige Verteilung der Lasten unter Geschwistern.*

Väter und Mütter nehmen lebenslänglich Anteil am Schicksal ihrer Kinder. Anfänglich erziehen sie ihren Nachwuchs, begleiten, mahnen und ermutigen. Sie verfolgen den Lebensweg der erwachsenen Kinder mehr oder weniger vertrauensvoll, wohlwollend, kritisch oder gar misstrauisch.

Im hohen Alter haben sie immer weniger Zugang zu wichtigen Lebensbereichen (Beruf, Informationstechnologien, Konsumwelten). Sie verlieren Kraft und werden allmählich hilfsbedürftig. Das Abhängigkeitsverhältnis kehrt sich um. Das ist schmerzhaft und geht selten ohne Konflikte.

DIE PFLEGEBERATERIN BARBARA B. erzählt von ihrem Alltag: «Bei Abklärungsgesprächen vor einem Pflegeheimeintritt erlebe ich 60-Jährige, die ihre Eltern wie Kleinkinder behandeln. Sie reden über deren Köpfe hinweg. Sie fühlen sich verantwortlich für Verhaltensweisen der Eltern, die sie selber als anstössig empfinden. Und sie wollen anstelle der Eltern über deren Zukunft entscheiden. Wahrscheinlich konnten sich die Kinder nie richtig von ihren Eltern ablösen – oder die Eltern nicht von den Kindern. Nun läuft das lebenslängliche Nacherziehungsprogramm mit umgekehrten Vorzeichen weiter.»

Das muss nicht sein! Versuchen Sie in einer solchen Situation, die Bedürfnisse Ihrer betagten Eltern und Ihre eigenen auseinanderzuhalten. Selten deckt sich zum Beispiel der Wunsch von körperlich schwachen oder leicht verwirrten Eltern nach einem autonomen Leben in den gewohnten vier Wänden mit dem Sicherheitsbedürfnis der besorgten Söhne und Töchter. Gefragt sind in diesem Fall nicht Überredungskünste, sondern genaues Zuhören und Respekt vor dem freien Willen auch von hilfsbedürftigen Alten.

Ebenso wichtig ist aber auch eine realistische Einschätzung Ihrer eigenen Hilfsbereitschaft, der zeitlichen und allenfalls finanziellen Möglichkeiten. Klären Sie frühzeitig die folgenden Fragen:

- Gibt es alte, unerledigte Konflikte, die mich heute noch bedrücken?
- Kann ich sie ansprechen oder auf eine andere Weise bearbeiten? Zum Beispiel indem ich mir in einem Brief alles vom Herzen schreibe, was mich beschäftigt, ohne den Brief dann abzuschicken. Dies wirkt auch, wenn ein Gespräch mit den Eltern nicht mehr möglich oder erfolgversprechend ist.
- Welche Art von Unterstützung erwarten die Eltern von mir jetzt und in Zukunft?
- Was bin ich bereit zu bieten?
- Was sind meine Motive (Liebe, Pflicht, Schuldgefühle – oder eine Mischung aus allem)?
- Grenze ich mich genügend ab?
- Was erwarte ich von meinen Eltern?
- Was erwarte ich bezüglich Elternunterstützung von Geschwistern, Schwägerinnen und Schwagern, Partnerin oder Partner?

Wenn Sie regelmässig Hilfe oder Pflege in grossem Umfang leisten, ist es sinnvoll, klare Abmachungen – zum Beispiel über eine finanzielle Entschädigung oder einen Ausgleich bei der Erbschaft – zu treffen und diese schriftlich festzuhalten.

CHANCE *Wenn Sie noch einen Vater oder eine Mutter haben: Lassen Sie sie von früher erzählen! Das Langzeitgedächtnis ist oft besser als die Einsicht in Aktuelles. Ihre Eltern sind unersetzliche Zeugen Ihrer Herkunft. Wenn sie einmal nicht mehr leben, ist diese Quelle versiegt.*

Erwachsene Kinder und Enkel

Ein grosser Teil der frisch Pensionierten hat erwachsene Kinder, die ihrerseits oft mitten in der Familienphase stecken. Drei Viertel aller Pensionierten in der Schweiz haben Enkel. Umfragen zeigen, dass die familiären Beziehungen zwischen den Generationen in der Regel einen hohen Stellenwert einnehmen.

Während die ältere Generation in einem langen Berufs- und Privatleben viele Erfahrungen gesammelt, Erfolge gefeiert und Enttäuschungen verdaut hat, steigt die junge Generation erst richtig ein. Nach Abschluss der Ausbildung beginnt die Berufslaufbahn, aus Liebesbeziehungen entstehen dauerhafte Partnerschaften, Wohnungen werden eingerichtet, Häuser gebaut und Familien gegründet.

Nun begegnen sich die Generationen auf gleicher Augenhöhe. Sind die Krämpfe der Pubertät und die Verselbständigung in der Adoleszenz einmal überwunden, können die beiden Generationen viel voneinander profitieren.

Durch die Geburt von Enkeln verändern sich die Generationenbeziehungen nochmals deutlich. Grosseltern und ihre erwachsenen Kinder teilen nun die Erfahrungen der Elternschaft. Dadurch rücken sie emotional näher zusammen.

DER COMPUTERFACHMANN UELI B., 37, über die Veränderung in der Beziehung zu seinen Eltern: «Zu meinen Eltern hatte ich lange Zeit ein gespanntes Verhältnis. Ich war in meiner Kindheit und Jugend ziemlich wild und fühlte mich durch meine sehr korrekten und moralischen Eltern in meinem Freiheitsdrang eingeschränkt. Mit meinen eigenen zwei kleinen Kindern kam ich dann rasch an meine Grenzen. Ich hatte einen neuen Job, und meine Frau studierte noch. Die schlaflosen Nächte bei jedem neuen Milchzahn und das alltägliche Chaos in unserer Wohnung machten mir grosse Mühe. Mein frisch pensionierter Vater unternahm in dieser Zeit viel mit seinen Enkeln. Und wenn meine Mutter am Dienstag das Mittagessen kochte und die Wäsche aufräumte, verbreitete sich eine wohltuende Ruhe. Was ich früher als ‹kleinbürgerlichen Mief› verabscheut hatte, konnte ich nun mit Respekt annehmen.»

Wertvolle Grosseltern

Die volkswirtschaftlichen Leistungen von Grosseltern sind unbezahlbar. Müsste ihre Betreuung von Kleinkindern – gemäss einer Studie rund 100 Millionen Stunden im Jahr – entlöhnt werden, würde dies jährlich drei Milliarden Franken kosten. Dazu kommen Geschenke, zinsfreie Darlehen und Erbvorbezüge, die manche junge Familie materiell entlasten.

Wertvoll sind die Beziehungen zwischen Grosseltern und ihren Enkeln für beide Generationen. Viele Heranwachsende erleben die Grosseltern als ausgesprochene Vertrauenspersonen. Sie nehmen sich Zeit, verfügen über grosse Lebenserfahrung und zeigen Verständnis für die Sorgen und Nöte ihrer Enkel. Da sie keinen Erziehungsauftrag haben, sind die Beziehungen zu den Grosseltern – auch in schwierigen Lebensphasen wie der Pubertät – oft entspannter als zu den Eltern.

Die ältere Generation erhält durch die Enkel ebenfalls viele Impulse. Die Grosseltern können miterleben, wie ihre Enkel die verschiedenen Stadien von Kindheit und Jugend durchlaufen und erwachsen werden. Dank der gestiegenen Lebenserwartung ist die gemeinsame Zeitspanne für Enkel und Grosseltern so lang wie noch nie in der Geschichte.

Stark gewandelt hat sich in wenigen Jahrzehnten das zahlenmässige Verhältnis: Früher versammelte die Grossmutter eine ganze Kinderschar um sich. Heute bemühen sich nicht selten vier tatendurstige Grosseltern um ein Enkelkind.

CHANCE *Schön, wenn Sie Ihre Enkel an Ihrem Wissen und Ihrer Erfahrung teilhaben lassen! Das soll aber keine Einbahnstrasse bleiben. Schon Primarschüler lernen heute Sachen, von denen Sie möglicherweise keine Ahnung haben. Und mit Smartphone und Computer sind sie vermutlich ebenfalls versiert und können Ihnen so manchen Trick zeigen.*

HINWEIS *Pro Juventute hat in einem «Extrabrief» für Grosseltern viele Ideen und Ratschläge zusammengetragen (www.pro-juventute.ch → shop).*

Neue Rollen für Oma und Opa

Damit die Beziehungen zwischen den Generationen möglichst konfliktarm und für alle Beteiligten erspriesslich sind, gilt es, klare Abmachungen zu treffen und einige Grundregeln einzuhalten:

- Die Eltern sind verantwortlich für die Erziehung. Respektieren Sie als Grosseltern die Grundsätze Ihrer erwachsenen Kinder. Bevor Sie Enkel hüten, klären Sie wichtige Eckpunkte der Erziehung. Heikle Themen sind zum Beispiel Schlafenszeiten, Fernsehen, Computer, Süssigkeiten, Strafen.
- Teilen Sie Ihren Kindern und Enkeln mit, was Sie gerne tun und was Sie nicht mögen.
- Verzichten Sie darauf, ungefragt Ratschläge zu erteilen.

Natürlich brauchen Sie aber auch Freiräume in der Beziehung zu Ihren Enkeln, die Sie selber gestalten können. Verschaffen Sie sich genügend Klarheit über Ihre Rolle. Welche Aufgaben möchten Sie übernehmen, welche nicht?

DIE 71-JÄHRIGE RUTH D. ÜBERLEGT GENAU, ob sie wirklich Zeit und Lust hat, wenn ihre Tochter sie fragt, ob sie Tobias bringen kann: «Mit meinem achtjährigen Enkel ist es äusserst kurzweilig. Er fordert meine ganze Aufmerksamkeit. Letzthin war er ein Wochenende bei mir. Wir haben viel zusammen unternommen. Am Sonntagabend war ich dann doch etwas erschöpft und froh, als ich ihn heimbringen durfte. Ich muss aufpassen, dass ich mich mit meinen Verpflichtungen nicht übernehme und meiner Tochter auch klar sage, wenn ich keine Zeit habe oder zu müde bin.»

KURSE FÜR GROSSELTERN

Die Zeiten wandeln sich, und ehemalige Berufsleute sind mit der Betreuung von Kleinkindern nicht immer vertraut. Da hilft ein Kurs zum Einstimmen auf neue Grosselternpflichten und -freuden. Pro Senectute und das Schweizerische Rote Kreuz bieten in verschiedenen Regionen solche Kurse an. Erkundigen Sie sich bei den kantonalen oder lokalen Stellen (www.pro-senectute.ch, www.srk.ch).

CHANCE *Haben Sie keine eigenen Enkel? Viele Kinder in der Schweiz haben keine Grosseltern. Vielleicht können Sie für das Kind einer befreundeten Familie aus der Nachbarschaft oder der weiteren Verwandtschaft zu einem Wahl-Opa oder einer Ersatz-Oma werden? Sprechen Sie in jedem Fall mit den Eltern des Kindes über Möglichkeiten und Grenzen Ihres Engagements.*

6

Wohnen – Lebens-
raum neu gestalten

Die Wohnbedürfnisse ändern sich mit der Pensionierung.

Dieses Kapitel gibt Ihnen einige Anregungen, um die Zweck-

mässigkeit Ihres Heims für die künftigen Jahre zu über-

denken. Dazu kommen Tipps für Auswanderungswillige und

für die Mobilität im Rentenalter.

Bleiben – oder noch einmal aufbrechen?

Hobbys, Freizeitaktivitäten und gesellige Begegnungen gewinnen nach der Pensionierung an Bedeutung und brauchen Platz. Zugleich soll das Haus oder die Wohnung pflegeleicht sein, ein Garten viel Freude und wenig Last bereiten.

«Alte Bäume soll man nicht verpflanzen», sagt ein Sprichwort. Stimmt das noch in der heutigen mobilen Zeit? Der Mensch scheint zwei – auf den ersten Blick widersprüchliche – Bedürfnisse zu haben: Einerseits möchte er die Welt kennenlernen und Neues entdecken. Andererseits braucht er Geborgenheit in einer vertrauten Umgebung. Wahrscheinlich sind das gar keine Gegensätze, sondern zwei Seiten der gleichen Medaille. Zeitweise steht die eine im Vordergrund, in einer andern Lebensphase die andere. Welches Gefühl überwiegt bei Ihnen im Hinblick auf die Pensionierung? Gehen Sie locker mit Veränderungen um, suchen Sie vielleicht sogar immer wieder bewusst nach Neuem? Oder lieben Sie eher das Beständige, das Sie bereits gut kennen?

DIE BERUFSBERATERIN PATRICIA B., 63, meint: «Im Laufe meines Lebens habe ich immer wieder erfahren: Es gibt zwei Motive für Veränderungen. Ich kann von etwas Altem weg- oder auf etwas Neues zulaufen. Manchmal bin ich vor einer unangenehmen Situation geflüchtet, ein anderes Mal hat mich eine neue Chance angelockt.»

Um Illusionen und Selbsttäuschungen zu vermeiden, ist es sinnvoll, sich vor wichtigen Entscheidungen – zum Beispiel einem Wohnungswechsel – kritisch nach dem dominierenden Motiv zu befragen: Drängt es mich weg aus einer unbefriedigenden Wohnsituation (Lärm, Nachbarstreit, Platzmangel)? Dann bin ich vielleicht schon zufrieden mit einer mittelmässigen Alternative. Oder habe ich meine Traumwohnung gefunden, die meinem Leben nochmals einen glücklichen Impuls gibt?

Wohnsituation auf dem Prüfstand

Der grösste Teil älterer Menschen führt einen selbständigen Haushalt: Nur 8,5 Prozent der Personen über 65 leben in einem Heim. Sogar bei den über 80-Jährigen steigt dieser Anteil lediglich auf rund 20 Prozent.

Am häufigsten leben Pensionierte in Paarhaushalten. Mit zunehmendem Alter werden Einpersonenhaushalte häufiger. In ihnen überwiegen die Frauen deutlich.

Die älteren Menschen nutzen pro Kopf überdurchschnittlich viel Wohnfläche. Dies hängt damit zusammen, dass viele von ihnen nach der Familienphase die angestammte Wohnung behalten. Da es sich oft um langjährige Mietverhältnisse oder weitgehend amortisierte Eigenheime handelt, liegen die Wohnkosten rund einen Zehntel unter dem Durchschnitt. Überdurchschnittlich häufig besitzen Pensionierte ein Einfamilienhaus oder eine Eigentumswohnung.

Angesichts dieser Daten verwundert es nicht, dass sich die ältere Bevölkerung bei allen Befragungen sehr positiv zu ihrer Wohnsituation äussert. Dies schliesst ein Problembewusstsein nicht aus: Vier Fünftel der über 65-Jährigen stufen die eigene Wohnung als «nicht altersgerecht» ein. Ein Blick in die Zukunft lohnt sich deshalb.

ROLAND S., 67, fasst seine Erfahrungen so zusammen: «Nachdem unsere drei Kinder ausgezogen waren, wussten wir: Das Haus ist zu gross, zu arbeitsaufwendig und liegt leider an einer verkehrsreichen Strasse. Wir haben uns nach der Pensionierung ein Jahr Zeit gegeben, um herauszufinden, was wir brauchen. Ein weiteres Jahr hat es gedauert, um das geeignete Objekt zu finden. Nun leben wir in einer schönen Dreizimmerwohnung mit Wohnküche und Balkon, Stube und Schlafzimmer sowie einem Zimmer, das meine Frau zum Nähen und Bügeln nutzt. In diesem ‹Multifunktionsraum› können zudem jederzeit unsere Enkel oder andere Gäste übernachten. Im gleichen Haus habe ich einen Bastelraum gemietet. Da steht der PC; ich kann mich zum Lesen oder Musikhören zurückziehen. Wenn ich an einer Arbeit bin, kann ich abends alles liegenlassen. Sehr wichtig war für meine Frau und mich, im gleichen Wohnquartier bleiben zu können.»

CHANCE *Die Pensionierung ist ein guter Zeitpunkt, um die Wohnverhältnisse zu überprüfen und den veränderten Bedürfnissen anzupassen. Jetzt sind Sie noch unternehmungsfreudig und können Wohnträume verwirklichen – sei es ein Umzug, eine neue Einrichtung oder ein Umbau.*

Für Ihre Zufriedenheit ist es enorm wichtig, dass Sie sich in den eigenen vier Wänden wohlfühlen. Freude sollte es Ihnen aber auch machen, aus dem Fenster zu schauen, die Türe zu öffnen und hinauszutreten.

CHECKLISTE: STIMMEN DIE WOHNVERHÄLTNISSE NOCH?

Gehen Sie die folgenden Punkte in Ruhe durch. Welche Schlüsse ziehen Sie daraus?

Umgebung
- Fühle ich mich in diesem Dorf / dieser Stadt / diesem Quartier wohl?
- Werde ich mich hier auch in 10 oder 20 Jahren noch wohlfühlen?
- Wie ist mein Wohnort verkehrsmässig erschlossen?
- Wie erreiche ich heute und in Zukunft die wichtigen Geschäfte und Dienstleistungs- betriebe (Lebensmittel, Post, Bancomat, Arzt und Apotheke)?
- Wie werde ich einkaufen, Freunde oder Verwandte besuchen, wenn ich einmal nicht mehr Auto fahren kann oder körperlich weniger mobil bin?
- Gelange ich zu Fuss / mit dem öffentlichen Verkehr ins Grüne, auf den Dorfplatz, ins Stadtzentrum?
- Ist meine Wohnung / mein Haus abgelegen? Habe ich nachts auf dem Heimweg manchmal Angst?
- Ist es in meiner Umgebung lärmig?
- Sind zusätzliche Strassen, Einkaufszentren oder Diskotheken geplant?
- Kann ich – falls erwünscht – Haustiere (Katze, Hund) angemessen halten?

Einfamilienhaus
- Nutze ich das Raumangebot des Hauses?
- Wie bewältige ich die Unterhaltsarbeiten in Haus und Garten – jetzt und in Zukunft?
- Ist die Finanzierung des Hauses langfristig (auch im Fall des Ablebens eines Partners) gesichert?
- Werden in den kommenden Jahren Renovationen fällig? Wie werde ich diese finanzieren?
- Wie hindernisarm ist das Haus? Lässt sich dieser Punkt verbessern?

Wohnung

- Ist die Wohnung zu gross, zu klein oder grad richtig?
- Haben alle Bewohnerinnen und Bewohner genügend individuellen Raum (etwa für ein Hobby, für handwerkliche Tätigkeiten oder Bastelarbeiten)?
- Ist die Wohnung leicht zu pflegen (geeignete Bodenbeläge, praktische Küche und Bad)?
- Ist die Wohnung behindertengerecht (rollstuhlgängig, Lift, gut erreichbare Haushaltgeräte und Schränke)?
- Hat die Wohnung einen Balkon?
- Bietet die Wohnung genügend Platz, um Besucher zu   beherbergen oder für Ferienaufenthalte von Enkelkindern?
- Ist die Wohnung lärmig?
- Wie sind die Beziehungen zu den Nachbarn?
- Wie ist das Verhältnis zum Vermieter? Ist das Mietverhältnis langfristig vertraglich abgesichert?
- Sind Renovationen vorgesehen? Ist die damit zusammenhängende Mietzins- erhöhung tragbar?

Vom Gefühl, daheim zu sein

Wenn Sie ein Möbelstück aussuchen, das Ihre Einrichtung ideal ergänzt, wenn Sie im Garten Büsche pflanzen, düngen und schneiden oder auf dem Balkon einen kleinen Kräutergarten anlegen, schaffen Sie sich ein Stück Heimat. Ebenso wichtig sind die sozialen Beziehungen, die über die Jahre hinweg in vielen Begegnungen wachsen. Mit zunehmendem Alter gewinnt das nachbarschaftliche Netz an Bedeutung. Einst wird sich der Aktionsradius verkleinern. Dann werden Sie sich freuen, in einer vertrauten, von Ihnen massgeblich mitgestalteten Umwelt zu leben. Fragen Sie sich deshalb immer wieder: Wie wünsche ich mir meinen Lebensraum und meine Umgebung? Und was kann ich selber dazu beitragen, dass meine Bedürfnisse erfüllt werden?

Das Heim den veränderten Bedürfnissen anpassen

Die meisten Pensionierten geniessen den Zuwachs an frei gestaltbarer Zeit und schaffen sich für ihre Beschäftigungen den geeigneten Raum: Für den einen ist dies eine Werkstatt im Keller, für den andern eine Büro-Ecke mit Internetanschluss. Ein ehemaliges Kinderzimmer verwandelt sich in ein Mal- oder Nähatelier. Alleinlebende entdecken ihre Freude am Kochen für sich selber und für Gäste.

CHANCE *Sie haben vorgesorgt, und jetzt werden Ersparnisse von einem Konto der 3. Säule oder eine Lebensversicherung zur Auszahlung fällig? Gönnen Sie damit abgewohnten Räumen eine Renovation. Ersetzen Sie unbequeme Stühle, durchgelegene Matratzen, den flimmernden Fernseher oder veraltete Küchengeräte. Der Wohnraum ist wie die Kleidung ein wesentlicher Ausdruck Ihrer Persönlichkeit.*

Sind Sie – wie die Mehrheit der Menschen in der zweiten Lebenshälfte – zufrieden mit der Wohnsituation? Oder haben Sie sich an einzelne Unannehmlichkeiten bloss gewöhnt? Machen Sie einen kleinen Gedankentest! Schliessen Sie die Augen und räumen Sie die ganze Wohnung oder das Haus vollkommen leer. Nun werden noch schnell alle Wände gestrichen – und dann können Sie neu einrichten! Wie sähe Ihr Zuhause danach aus? Die folgenden Abschnitte zeigen zwei Möglichkeiten, wie Sie mit wenig Aufwand etwas ändern können.

Getrennte Schlafzimmer

Zwei Drittel der Pensionierten leben in einer Partnerschaft. Wer viel Zeit miteinander auf engem Raum verbringt, muss sich räumlich gut abgrenzen können. Abweichende Schlafzeiten und Tagesrhythmen, Schnarchgeräusche und nächtliche Lesegewohnheiten können gute Gründe für getrennte Schlafzimmer sein. Dies hat nichts mit Liebesentzug zu tun. Im Gegenteil: Menschen, die ihre Autonomiebedürfnisse gegenseitig respektieren, begegnen sich auch wieder mit Freude.

Dezentralisiert fernsehen

Pensionierte verbringen im Durchschnitt drei Stunden täglich vor dem Fernsehapparat. In vielen Wohnungen thront der Fernseher wie ein Altar im Wohnzimmer. Der meistens grösste und schönste Raum ist hauptsächlich ein TV-Raum. Prüfen Sie einmal die Alternative: Das Wohnzimmer dient geselligen Begegnungen. Der Fernsehapparat steht hingegen in einem kleinen Raum mit bequemen Sesseln.

CHANCE *Was hat sich in einem langen Leben nicht alles angesammelt! Ordner mit Weiterbildungsunterlagen, Steinguttöpfe aus dem tunesischen Ferienbazar, Geschenke von zweifelhafter Ästhetik und fragwürdigem Nutzen. Ordnung machen tut gut. Bringen Sie das Brauchbare in ein Brockenhaus oder auf einen Flohmarkt. Entsorgen Sie alles, was Sie während eines ganzen Jahres nie gebraucht haben. Sie werden staunen, wie neu Ihr Heim danach aussieht!*

Oder doch umziehen?

Vielleicht sind Sie mit Ihren Wohnverhältnissen gar nicht mehr zufrieden: Sie möchten von der Stadt ins Grüne oder vom Land in ein kulturelles Zentrum umziehen. Oder Sie wollen ein grosses Einfamilienhaus gegen eine pflegeleichte Wohnung tauschen.

Da ein Umzug viel Tatkraft, Zeit, Mut und Geld braucht, sollten Sie ihn nicht allzu lang hinausschieben. Rückblickend meinen viele Pensionierte, dass sie den richtigen Zeitpunkt verpasst hätten, um sich von einem grossen Haus oder aufwendigen Garten zu trennen. Es ist schmerzhaft, wenn einem ein solcher Schritt dann – zum Beispiel durch ein Nachlassen der körperlichen Kräfte – aufgezwungen wird.

HEIDI B., 77, ERZÄHLT: «Vor zehn Jahren bin ich in eine kleine, helle und praktische Wohnung umgezogen. Kurz danach diagnostizierte mein Augenarzt eine Makuladegeneration. Das ist eine häufige Augenkrankheit, die mit zunehmendem Alter das Blickfeld einschränkt. Jetzt, im Endstadium, bin ich stark sehbehindert. Einen Wohnungswechsel würde ich mir heute nicht mehr zutrauen. In meiner Wohnung komme ich aber prima zurecht, da ich genau weiss, was ich wo finde. Probleme habe ich hingegen im Laden, in dem ich einkaufe. Wenn etwas nicht im gewohnten Regal liegt oder neu verpackt ist, finde ich es nicht mehr.»

TIPP *Wenn Sie eine Veränderung der Wohnsituation grundsätzlich anstreben, dann planen Sie jetzt schon die einzelnen Schritte: Welche Bedürfnisse haben Sie bezüglich Raum und Umgebung, welches sind die finanziellen Rahmenbedingungen, welche Orte kommen in Frage und welcher Zeitraum? Überprüfen Sie Ihre Ideen, indem Sie – unverbindlich – verschiedene Wohnobjekte ansehen und so auch einen realistischen Überblick über den Wohnungsmarkt bekommen.*

Umziehen, um Steuern zu sparen?

Sind Sie Multimillionär? Ein Wechsel des Wohnortes aus Gründen der Steueroptimierung lohnt sich nur für sehr Reiche. Ein Umzug ist mit hohen Kosten verbunden. Zudem liegen die Immobilienpreise, Mieten und sonstigen Lebenskosten in vielen Steueroasen über dem Landesdurchschnitt. Falls Sie aber aus anderen Gründen ohnehin einen Ortswechsel ins Auge fassen, tun Sie gut daran, auch einen Blick auf die Steuerbelastung in dieser Gemeinde zu werfen.

ALTERSGERECHT WOHNEN – WAS HEISST DAS?

Viele Häuser und Wohnungen wurden in jungen Jahren gebaut und eingerichtet. Damals hat sich niemand an Stufen, engen Türen und schummrigem Licht gestört. Auch wenn Sie kerngesund sind und Treppensteigen als tägliches Fitnessprogramm betreiben: Schauen Sie Ihr Heim versuchsweise einmal mit den Augen eines alten Mannes oder einer alten Frau an.

- Wie gelangen Sie zu Tram, Bus oder Bahn, wenn Sie einmal nicht mehr Auto fahren?
- Erreichen Sie zu Fuss Einkaufsläden, medizinische Dienstleistungen, Freizeiteinrichtungen und Orte der Erholung?
- Ist der Zugang zu Ihrem Haus oder Ihrer Wohnung hindernisfrei, gut beleuchtet und gleitsicher (auch bei Regen und Kälte)?
- Sind alle Räume ohne Stufen erreichbar?
- Haben Schwellen maximal 2,5 cm Höhe?
- Wo lauern Stolpergefahren (Teppiche, Absätze, Schwellen)?
- Sind alle Räume gut beleuchtet?

Unter www.hindernisfrei-bauen.ch finden Sie detaillierte Informationen. Pro Senectute hat eine spezielle Website zum Thema Wohnen: www.wohnform50plus.ch

---

Alternative Wohnformen

Alle Wohnformen haben Vor- und Nachteile. Ein Einfamilienhaus mit Garten bietet viel Raum, den Sie nach Ihren individuellen Bedürfnissen nutzen und gestalten können. Dafür kostet es viel Geld und Zeit. Eine Wohnung ist vielleicht ideal abgestimmt auf Ihren Alltag. Kommt aber für ein paar Tage Besuch, wird es bald einmal eng.

Wer allein wohnt, geniesst zwar die grösstmögliche Freiheit, muss aber sorgfältig ein Beziehungsnetz pflegen, um nicht zu vereinsamen. Paare leben in vertrauter Gesellschaft, laufen dafür aber häufig Gefahr, nach der Pensionierung ihre individuelle Eigenständigkeit zu verlieren. Einsamkeit nach dem Tod des Partners ist dann vorprogrammiert.

Viele ältere Menschen schauen sich deshalb nach neuen Wohnformen um. Sie suchen eine Möglichkeit, Positives der bisherigen Lebensweise zu verbinden mit Sicherheit, einem solidarischen Beziehungsnetz und eventuell professioneller Unterstützung. So lässt sich Unabhängigkeit bewahren und zugleich ein Sicherheitsnetz einrichten.

Siedlungen mit flexiblem Raumprogramm

Alleinlebende Personen oder Paare kommen im Alltag in der Regel mit zwei bis drei Zimmern sehr gut zurecht. Zusätzlicher Raumbedarf entsteht – oft zeitlich begrenzt – für Hobbys, beim Besuch von auswärtigen Gästen oder bei festlichen Anlässen. Immer häufiger entstehen daher Siedlungen, in denen ein räumlich bescheidener privater Wohnraum ergänzt wird durch ein breites Angebot an Gemeinschaftsräumen. Verbreitet sind etwa Partyräume mit Kochgelegenheit und Geschirr, Trainingsräume, Sauna, Schwimmbad, Bastelräume und Gästezimmer.

Sinnvollerweise ist auch das Raumprogramm der Wohnungen in der Siedlung abgestuft. Wenn ein Lebenspartner stirbt, sollte der Umzug in eine kleinere Wohnung in der gleichen Umgebung möglich sein.

CHANCE *Es gibt nicht nur Seniorenresidenzen für die Wohlhabenden. Wohnträume lassen sich auch mit einem Durchschnittseinkommen verwirklichen. Lassen Sie sich von den vielen neuen Wohnmodellen inspirieren! Pro Senectute unterstützt Interessierte mit Fachwissen und führt eine Datenbank von Personen, die Wohngenossen für ein neues Projekt suchen (www.wohnform50plus.ch).*

LOTTE B., EINE 59-JÄHRIGE WERKLEHRERIN, BERICHTET:
«Wir sind drei Paare, alle zwischen 55 und 67, und wir kennen uns seit Langem. Als die letzten Kinder ausgezogen waren, wurde uns bewusst, dass wir gemeinsame Wohnträume hatten. Durch eine Erbschaft kamen wir günstig zu einem Vierfamilienhaus, das wir renoviert und einigermassen altersgerecht eingerichtet haben. Das ganze Erdgeschoss nutzen wir gemeinsam. Wir haben einen grossen Aufenthaltsraum mit Klavier, Musikanlage und Fernseher. Das Sofa lässt sich bei Bedarf in ein Gästebett verwandeln. Dreimal in der Woche essen wir am Mittag zusammen. Ein Mitbewohner hat im Keller eine Werkstatt eingerichtet, die alle benutzen können. So viele Berührungspunkte sorgen natürlich auch für Konflikte. Die haben wir bis jetzt aber immer konstruktiv gelöst.»

Siedlungen mit Dienstleistungsangebot

Wer möchte nicht in den eigenen vier Wänden bleiben – komme, was wolle? Diesem Bedürfnis entspricht der wachsende Markt für Wohnangebote, die mit massgeschneiderten Serviceleistungen verbunden sind. So kann man zum Beispiel nach der Pensionierung lediglich den Reinigungs- und Waschdienst beanspruchen, später bei Bedarf am Mittagstisch teilnehmen und, wenn es einst nötig sein sollte, auf Pflegedienstleistungen des Spitex-Stützpunktes zählen.

HINWEIS *Überbauungen mit einem flexiblen Raumprogramm sind nicht nur für ältere Menschen, sondern auch für Familien ideal. Es gibt daher auch generationendurchmischte Siedlungen. Viele der neuen Wohnformen sind genossenschaftlich organisiert.*

Unterstützung zu Hause

In den Städten hat die Alterung der Bevölkerung bereits ihren Höhepunkt erreicht – nicht aber im breiten «Speckgürtel» der umliegenden Agglomeration. In vielen Gemeinden entstehen derzeit Altersleitbilder und kommunale Initiativen mit neuen Wohnmodellen. Die Gemeinden sind – aus finanziellen Gründen – daran interessiert, dass viele der heutigen «jungen Alten» möglichst lange selbständig wohnen können. Sie fördern deshalb nicht nur den Ausbau ambulanter Dienste im Sozial- und Gesundheitsbereich, sondern auch geeignete Wohnsiedlungen.

TIPP *Weitere Informationen über alternative Wohnformen finden Sie bei den lokalen Geschäftsstellen von Pro Senectute und auf der Website www.age-stiftung.ch.*

BUCHTIPP
Der Beobachter-Ratgeber **«Wohnen und Pflege im Alter. Selbständig leben, Entlastung holen, Heim finanzieren»** stellt die Alternativen Privathaushalt, Heim und neue Wohnformen detailliert vor.
www.beobachter.ch/buchshop

Anmelden im Altersheim?

Das Durchschnittsalter für den Eintritt in ein Alters- und Pflegeheim liegt heute bereits jenseits von 80 Jahren. Sie dürfen diesen Entscheid also ruhig noch ein paar Jahre hinausschieben. Besuchen Sie Bekannte in einem Pflegeheim und lernen Sie dieses von innen kennen!

Der Traum vom Auswandern

Ein paar Tausend Menschen pro Jahr verlassen die Schweiz nach der Pensionierung und begründen ihren Wohnsitz im Ausland. Für manche ist der Umzug die Verlockung eines neuen, abenteuerlichen Lebens – für andere Flucht vor der heimischen Enge.

Viele Berufstätige träumen von einem Lebensabend unter südlicher Sonne: Boule spielen auf einem südfranzösischen Dorfplatz, wochenlang baden und Sangría trinken an der Costa Blanca oder dolce far niente in einem italienischen Ferienort.

FÜR YOLANDA, 67, IST DER TRAUM WAHR GEWORDEN: «Vor zwölf Jahren wurde mein Mann frühpensioniert. Mit einem Teil des Kapitals aus der Pensionskasse haben wir eine wunderbare Finca gekauft. Obwohl die Lebenskosten auf Mallorca massiv gestiegen sind, leben wir mit unseren Renten äusserst komfortabel. Unsere Tochter besucht uns häufig mit ihrer Familie. Wir fahren dann ans Meer oder auf die Märkte in den umliegenden Städtchen. Heimweh haben wir keines. Wir sind einmal im Jahr in der Schweiz, erledigen Administratives und machen einen Gesundheitscheck beim Hausarzt.»

So klappts mit dem neuen Leben

Idealerweise kennen Sie Ihr Zielland, die Sprache und die lokalen Sitten schon von vielen früheren Aufenthalten. Was braucht es sonst noch, damit der Traum vom Auswandern Wirklichkeit wird – und Bestand hat? Einige Empfehlungen sollten Sie befolgen, damit der dauerhafte Auslandaufenthalt zum Erfolg wird.

Wenig administrative Hürden

Schweizerinnen und Schweizer dürfen sich als Pensionierte in jedem EU-Land niederlassen, und auch der Erwerb von Wohneigentum ist dank der bilateralen Verträge ohne Einschränkung möglich. Voraussetzung: Sie müssen über genügend Renteneinkommen oder Vermögen verfügen und gegen die Risiken von Krankheit und Unfall versichert sein. Auch beliebte aussereuropäische Zielländer wie Thailand oder die USA sichern sich ab, damit sie keine potenziellen Sozialfälle aufnehmen. Der Kauf von Immobilien ist für Ausländer in vielen Ländern erschwert. Die aktuellen Bedingungen für eine Aufenthaltsbewilligung erfahren Sie beim zuständigen Konsulat. Darum sollten Sie sich frühzeitig kümmern:

- Ab- und Anmeldeformalitäten: Eine Abmeldebescheinigung der Einwohnerkontrolle Ihrer Gemeinde benötigen Sie zum Beispiel für den Zoll.
- Steuern: Viele Einwohnerkontrollen verlangen von Ihnen den Nachweis, dass Sie alle ausstehenden Steuern bezahlt haben.
- Umzugsmodalitäten
- Überweisung der Renten ins Ausland (AHV, Pensionskasse usw.); allfällige Transfers von Bankkonten
- Versicherungen, Krankenkasse: Damit keine Versicherungslücken oder Doppelspurigkeiten entstehen, sind Kündigungsfristen zu beachten.
- Gültigkeit Ihres Führerscheins im Gastland: Klären Sie ab, ob Sie einen internationalen Führerschein brauchen oder Ihren schweizerischen durch einen landesüblichen ersetzen müssen.

Die Sprache lernen

Ein paar Worte in der lokalen Sprache öffnen so manche Tür. Die hundert Sätze aus dem Reiseführer sind allerdings rasch ausgeschöpft. Erwerben Sie gute Sprachkenntnisse, wenn Sie sich dauerhaft in einem Land niederlassen wollen. So können Sie nicht nur soziale Beziehungen zu Einheimischen knüpfen und lokale Zeitungen lesen, sondern ebenso Verträge verstehen (auch das Kleingedruckte!) oder mit Behörden, Handwerkern und Ladenbesitzern verhandeln.

Klimatische Bedingungen kennen

Viele Auswanderer nennen das günstige Klima als ein wichtiges Motiv. Doch aufgepasst: In die Ferien fährt man meist in der besten Jahreszeit, wenn das Badewasser angenehm temperiert ist und abends ein laues Lüftlein durch das Gartenlokal weht. Im Winter ist es dagegen in vielen Urlaubsorten in südlichen Ländern öd und kalt. Heizungen fehlen weitgehend, und da die Touristen ausbleiben, machen Restaurants und Läden dicht.

TIPP *Erleben Sie Ihre Traumdestination in allen Jahreszeiten. Testen Sie die Versorgung (Lebensmittel, Restaurants) und den öffentlichen Verkehr auch ausserhalb der Urlaubszeit.*

Das passende Heim

In den vergangenen Jahrzehnten sind Pensionierte aus der Schweiz vor allem nach Spanien, Italien oder Südfrankreich ausgewandert. Kultur und Sprache dieser Länder sind vertraut, das Rechtssystem und das Gesundheitswesen vertrauenswürdig und die administrativen Hürden überwindbar. An schönen Feriendestinationen sind – weitgehend deutschsprachige – Rentnersiedlungen entstanden. Das Leben darin bietet in der Regel eine gute Infrastruktur, rasche Kontakte und Erfahrungsaustausch mit Gleichgesinnten. Wenn Sie sich für eine solche Siedlung entscheiden, hören Sie auch unter der südlichen Sonne den vertrauten Schweizer Dialekt, finden problemlos Partner und Partnerinnen für einen Jass- oder Fondueabend und treffen Menschen mit ähnlichen Lebensgeschichten.

Kontakte zur einheimischen Bevölkerung sind bei dieser Wohnform dagegen nicht so leicht zu knüpfen. Die hübschen Ausländersiedlungen werden von den benachbarten Dorfeinwohnern oft als Ghettos wahrgenommen. Da kaum eine Altersdurchmischung in den Rentnerparadiesen stattfindet, müssen Sie sich darauf einstellen, nach zwanzig Jahren unter lauter 80-Jährigen zu leben.

Vielleicht gehören Sie aber auch zu jenen Auswanderungswilligen, die in der Fremde gerne auf Schweizerfahnen und Cervelatdüfte verzichten. Sie freuen sich auf ein andersartiges Leben und suchen den Kontakt zur einheimischen Bevölkerung. Das setzt voraus, dass Sie die Sprache sprechen und den lokalen Dialekt verstehen. Gross ist das Angebot an idyllischen Häusern in ländlichen Regionen. Die Immobilienpreise sind wegen der Landflucht relativ günstig. Bis ein Haus renoviert ist und Ihren Komfortansprüchen entspricht, sind jedoch möglicherweise viele Handwerkereinsätze erforderlich.

Neuerdings locken auch fernöstliche Ziele: In Thailand sind die Kosten wesentlich tiefer als in den südlichen EU-Ländern, und die Menschen haben traditionell hohen Respekt vor dem Alter. Grosse Unterschiede von Kultur, Religion und Lebensweise erschweren es allerdings manchen schweizerischen Rentnerinnen und Rentnern, wirklich Wurzeln zu schlagen.

HINWEIS *Spielen Sie mit dem Gedanken, auszuwandern und den Rest Ihres Lebens ausserhalb von Europa zu verbringen? Können Sie sich vorstellen, als Feriengast in der Fremde alt zu werden?*

Langfristige finanzielle Sicherheit

Auch wenn Sie auswandern – oder planen, es zu tun –, führt nichts an einem sorgfältigen Budget vorbei (siehe Seite 60). Ist der Lebensunterhalt im Gastland wesentlich günstiger? Rechnen Sie trotzdem kühl und bedenken Sie die Risikofaktoren. Wie könnte sich etwa die Währung im Zielland entwickeln? Aufgrund des wechselnden Eurokurses ist zum Beispiel der Wert einer schweizerischen Rente in ein paar Jahren um 16 Prozent gesunken und 2011 in wenigen Monaten um 23 Prozent gestiegen. Solch massive Schwankungen können im schlimmsten Fall innerhalb eines Jahrzehnts dazu führen, dass eine zuverlässig ausbezahlte Rente in Schweizer Franken am Mittelmeer oder in Thailand ein Drittel weniger wert ist. Weil die Entwicklungen aber schwierig vorauszusagen sind, ist ein vernünftiges Reservepolster unabdingbar.

HINWEIS *Für die Vermögensanlage gelten die Empfehlungen auf Seite 66. Sorgen Sie zusätzlich dafür, dass Sie immer ausreichende Reserven in der Währung Ihres Gastlandes zur Verfügung haben. Klären Sie die Möglichkeiten und Kosten einer Absicherung von Währungsrisiken mit einer Bankfachperson ab.*

Erkundigen Sie sich auch rechtzeitig über die Steuersituation in Ihrem Zielland. Melden Sie der AHV den Umzug und klären Sie mit

Ihrer Pensionskasse ab, wie die Rente – oder allenfalls das Kapital – überwiesen wird. Was für Konten brauchen Sie an Ihrem neuen Wohnort, und welche wollen Sie in der Schweiz behalten?

Vorsorgen für den Krankheitsfall

Wer die lokale Sprache beherrscht, ist auch in einer Notsituation im Vorteil: Wenn Sie krank sind, können Sie sich dem Pflegepersonal verständlich machen und die ärztliche Diagnose und Therapievorschläge verstehen. So lassen sich kleinere Unpässlichkeiten gut überstehen.

Überlegen Sie aber auch, wie es bei einer ernsteren Erkrankung aussehen würde. Wären Sie auch im Gastland durch verlässliche Freunde und unterstützende Nachbarinnen abgesichert? Hätten Sie Vertrauen in die lokale medizinische Versorgung – oder wäre das der Zeitpunkt, wo Sie sich zu einer Rückkehr entschliessen würden?

Wer in der Schweiz eine AHV-Rente bezieht und sich in einem EU- oder EFTA-Staat niederlässt, bleibt im Prinzip obligatorisch in der schweizerischen Krankenversicherung versichert. Mit einzelnen Staaten bestehen Abkommen, die einen Übertritt in die Krankenversicherung des Gastlandes ermöglichen.

Nur wenige Krankenkassen versichern Auswanderer in aussereuropäischen Ländern. In diesem Fall ist vor der Abreise eine weltweit gültige oder im Gastland eine lokale Krankenversicherung abzuschliessen.

HINWEIS *Erkundigen Sie sich frühzeitig bei Ihrer Krankenkasse oder dem Konsulat Ihres künftigen Gastlandes über den Versicherungsschutz bei Krankheit und Unfall.*

Zurück in die Schweiz

Sie können jederzeit in die Schweiz zurückkehren. Das tun mehr als die Hälfte der betagten Emigrantinnen und Emigranten. Hauptgründe sind Krankheiten, Pflegebedürftigkeit oder der Tod des Partners, der Partnerin.

Schliessen Sie die Möglichkeit des Rückkehrens nie aus. Überlegen Sie vielmehr, wohin Sie zurückkehren möchten, und halten Sie Kontakte zu Bekannten an diesem Ort aufrecht.

Falls Sie ohne Vermögen oder ausreichendes Einkommen heimkehren, haben Sie Anspruch auf Ergänzungsleistungen zur AHV (mehr dazu Seite 73). Die Aufnahme in ein Pflegeheim ist hingegen nicht immer gewährleistet. Einige Kantone und Gemeinden, in denen zu wenig Heimplätze verfügbar sind, teilen diese bevorzugt jenen alten Menschen zu, die seit einigen Jahren ortsansässig sind.

In zwei Ländern zu Hause

Vielleicht kommen Sie zum Schluss, dass Sie – neben der Lust auf ein Leben in der Fremde – auch eine starke Heimatverbundenheit spüren. Dann ist wahrscheinlich eine saisonale Aufteilung des Jahres ein gangbarer Weg. Im Winterhalbjahr geniessen Sie das Skilaufen und das grosse Kulturangebot in der Schweiz, und im Frühjahr zügeln Sie für einige Monate in Ihre südliche «Sommerresidenz». Das ist eine teure Variante, die jedoch – wenn Sie Ihre Wohnkosten in der Schweiz einschränken können – vielleicht erschwinglich wird.

Mobil bleiben

Mit der Pensionierung verändern sich Ihre Mobilitätsansprüche: Sie haben jetzt mehr Zeit für Ausflüge aufs Land, für kulturelle Veranstaltungen in der Stadt oder für Besuche bei Freunden und Verwandten.

Nutzen Sie wenn immer möglich das ganze Mobilitätsspektrum: Fahren Sie nicht nur Auto, gehen Sie auch mal zu Fuss oder mit dem Velo, fahren Sie mit Bahn und Bus. So sind Sie gut vorbereitet, wenn Sie Ihren Wagen nicht mehr jeden Tag benutzen möchten oder können.

DER INGENIEUR ROLAND B., 68, hat die Vorteile der Bahn entdeckt: «Beruflich war ich viel mit dem Auto unterwegs. Nun gönne ich mir ein Generalabonnement der SBB. Ich geniesse es, im Zug zu lesen und – ohne Parkplatzstress – mitten in einer Stadt auszusteigen. Da das GA auch für fast alle Busse und Trams gilt, kann ich überall einfach einsteigen.»

Fahrtüchtigkeit auf dem Prüfstand

Die Fahrtüchtigkeit erreicht bereits im mittleren Lebensalter ihr Maximum und nimmt danach kontinuierlich ab. Zwar müssen Sie Ihre Fahrtauglichkeit erst ab 70 alle zwei Jahre vom Hausarzt überprüfen lassen. Doch Veränderungen, die das Verkehrsverhalten beeinträchtigen können, stellen sich schon früher ein:

Sehkraft: 80 bis 90 Prozent der im Verkehr benötigten Informationen werden über das Auge wahrgenommen. Das Sehorgan braucht bei älteren Menschen deutlich länger, bis es ein fixiertes Objekt scharf abbildet: Die Blickfolge Strasse – Armaturenbrett – Strasse dauert bei einem 60-Jährigen etwa viermal länger als bei Personen unter 40 Jahren. Eine 60-jährige Autolenkerin braucht auch rund achtmal so viel Licht wie eine 20-Jährige, um bei Dunkelheit noch richtig sehen zu können.

Gehör: Etwa 30 Prozent aller 65-Jährigen weisen Hörschwächen auf.

Reaktionsvermögen: Im Alter erhöht sich die Reaktionszeit bis zum Beginn einer Bewegung, und die Bewegung selber wird langsamer ausgeführt.

Medikamente: Medikamente können das Fahrverhalten beeinträchtigen.

Ältere Autolenkerinnen und Autolenker kompensieren solche Beeinträchtigungen teilweise, indem sie seltener bei Dunkelheit fahren. Oder sie wählen bekannte Strecken, fahren langsamer und sind weniger häufig bei starkem Verkehr, bei Regen und auf Autobahnen unterwegs. Moderne Autos verfügen über neue Sicherheits- und Assistenzsysteme. Wer jetzt ins Rentenalter kommt, wird vielleicht noch selbstfahrende Autos erleben.

Trainings geben Sicherheit

Fahrtrainings und Weiterbildungskurse sind geeignete Mittel, um den Umgang mit kritischen Verkehrssituationen zu verbessern. Bei altersbedingten Veränderungen und Unsicherheiten bieten sich persönliche Fahrcoachings mit geschulten Spezialisten an.

Das Driving Center Veltheim bietet einen «Fahrcheck» an. Einige Versicherungsgesellschaften und der Fonds für Verkehrssicherheit unterstützen die Teilnahme finanziell (www.drivingcenter.ch → Kursangebote → Fahrcheck).

159

7

Körperlich
und geistig fit

Halten Sie Ihren Körper und Geist in Bewegung – und mit
ein bisschen Glück können Sie die kommenden 10 bis 20 Jahre
ohne gesundheitliche Einschränkungen geniessen. Passen Sie
Ernährungsgewohnheiten und Lebensstil den neuen Umständen
an. Dafür werden Sie mit unerwarteten Freuden belohnt.

Gute Gesundheit, hohe Lebenserwartung

Das Alter an sich ist für die wenigsten Menschen eine Beeinträchtigung. Die Altersforschung beobachtet heute eine Generation von Pensionierten, die körperlich und geistig mehrheitlich fit ist und das Leben im sogenannten Ruhestand aktiv und selbstbewusst gestaltet.

Die Statistiken verkünden für einmal Erfreuliches: Die Menschen werden immer älter, und die meisten können den grossen Teil der geschenkten Jahre bei guter Gesundheit erleben. Gemäss der jüngsten schweizerischen Gesundheitsbefragung schätzen mehr als 80 Prozent der Männer im Alter von 55 bis 75 Jahren die eigene Gesundheit als gut bis sehr gut ein. Bei den Frauen liegt die positive Einschätzung vor dem 65. Lebensjahr bei knapp 80 Prozent und sinkt nur leicht auf 74 Prozent bei den über 65-Jährigen. Tatsache ist: Altern ist ein höchst individueller Prozess – gross sind die Unterschiede von Mensch zu Mensch. Es gibt 70-Jährige, die geistig und körperlich leistungsfähiger sind als manche 50-Jährigen.

Körper und Geist bei Laune halten

Einzelne Körperfunktionen bilden sich im Laufe des Erwachsenenlebens zurück. Doch ältere Menschen haben in der Regel wenig Mühe, ihr Tempo und den Lebensstil entsprechend anzupassen. Das Leben nach der Pensionierung ist auch verbunden mit gesundheitlichen Erleichterungen. Zum Beispiel Kopfweh, das fast jeden zehnten 40-Jährigen plagt, tritt im Rentenalter nur noch halb so oft auf. Durch Abnutzung verursachte Gelenk- und Gliederschmerzen sind hingegen häufiger. Altersbedingte Einschränkungen der Augen oder des Gehörs lassen sich durch Brillen und Hörgeräte teilweise kompensieren.

Der Soziologe François Höpflinger unterscheidet «die sehr aktive Phase vor und nach der Pensionierung und das hohe Lebensalter, das von einer

LEBENSERWARTUNG IM ALTER 65 IN JAHREN

	1991	2001	2011	2015
Frauen	19,8	21,1	22,2	22,2
Männer	15,6	17,3	19,0	19,2

Seit 2010 nimmt die Lebenserwartung der 65-Järhigen kaum noch zu. Wichtigste Gründe: Bewegungsmangel und Übergewicht

Quelle: Bundesamt für Statistik (BFS)

erhöhten körperlichen und geistigen Fragilität gekennzeichnet ist». Er stellt fest, dass die negativen Folgen des Alterungsprozesses in der Regel nicht nach der Pensionierung, sondern erst im Alter zwischen 75 und 80 oder noch später auftreten. Während im fortgeschrittenen Alter von 80plus einschneidende Abbauerscheinungen unvermeidlich sind, geht es in den Jahrzehnten davor um die Frage: Wie gestalte ich mein Leben gesund und befriedigend? Die Altersforschung kennt verschiedene Faktoren, die eine Antwort auf diese Frage geben:

■ Ein geistig anregendes Leben in der Phase der Berufstätigkeit und nach der Pensionierung führt zu einer höheren Leistungsfähigkeit bis ins hohe Alter.

■ Die Erfahrung, das Leben selber gestalten zu können (und nicht Spielball des Schicksals zu sein), vermittelt Selbstvertrauen und Kraft. Damit lassen sich auch altersbedingte Anpassungen gut bewältigen.

■ Mit gesunder Ernährung, körperlichem und geistigem Training trägt jeder Mensch zu seiner Gesundheit bei – in jungen wie in alten Tagen.

■ Soziale Kontakte sind wichtig – ebenso die Abwechslung von anstrengenden und entspannenden Tätigkeiten.

Gesundheit ist also weit mehr als die Abwesenheit von Krankheiten. Gesundheit und Zufriedenheit sind stark durch den Lebensstil geprägt – und den können Sie selber wesentlich beeinflussen.

ERNA B., 67, PENSIONIERTE FILIALLEITERIN, ERZÄHLT:
«In den letzten Berufsjahren hat mich manches bedrückt: Das Arbeitstempo hat zugenommen, der Stress wurde zum Dauerthema. Ich hatte wenig Zeit zum Abschalten, häufig Kopfweh und Schlafstörun-

163

gen. Oft fehlte mir die Energie zum Ausgehen oder um jemanden zum Essen zu mir nach Hause einzuladen. Seit ich pensioniert bin, lebe ich näher bei meinen Bedürfnissen: Ich bestimme selber den Lebensrhythmus. Ich bewege mich mehr im Freien, verbringe mehr Zeit mit Menschen, die mir freundschaftlich verbunden sind, und ich achte auf eine gesunde Ernährung. Eigentlich fühle ich mich gesünder und jünger als vor fünf Jahren.»

HINWEIS *Waren Sie seit Langem nicht mehr bei Ihrem Hausarzt? Der Beginn des Rentenalters mit seinen vielen Veränderungen der Lebensweise ist eine gute Gelegenheit für einen gründlichen medizinischen Check-up. Allfällige gesundheitliche Probleme (zum Beispiel Altersdiabetes) können so frühzeitig erkannt und behandelt werden. Und wenn Sie gesund sind, macht der kommende Lebensabschnitt doppelt Freude.*

Ausgewogene Ernährung – jetzt besonders wichtig

Als älterer Mensch brauchen Sie im Durchschnitt weniger Kalorien als Junge. Sie haben weniger Muskelmasse und einen langsameren Stoffwechsel. Da der Bedarf an Vitaminen und Mineralstoffen aber nur unwesentlich abnimmt, sollten Sie die Qualität der Nahrung gezielt aufwerten. Vollwertige Nahrungsmittel enthalten viele Vitamine, Mineralstoffe und Spurenelemente. Vollkornprodukte und Gemüse sind reich an Nahrungsfasern. Sie sättigen gut und fördern die Verdauung. Industriell verarbeitete Fertiggerichte enthalten hingegen viele versteckte Fette, Zucker und Konservierungsstoffe. Sie sind zwischendurch okay – aber sollten nicht zur Regel werden. Beachten Sie folgende Tipps:

- Ihr Körper braucht täglich ein bis zwei Liter Flüssigkeit in Form von Wasser, ungesüsstem Tee und verdünnten Obst- oder Gemüsesäften. Kaffee und alkoholische Getränke zählen nicht, unter anderem wegen der entwässernden Wirkung. Milch gilt als Nahrungsmittel, weil sie viele wertvolle Nahrungsbestandteile hat – sie zählt für die Flüssigkeitszufuhr ebenfalls nicht.
- Trinken Sie zum Kaffee und zum Wein – wie die mediterranen Menschen – immer mindestens die gleiche Menge Wasser.

- Fünf kleinere Mahlzeiten sind besser als drei grosse. Ideal für Zwischenmahlzeiten ist frisches Obst.
- Essen Sie die Mahlzeiten bewusst und ohne Eile. Kauen Sie die Speisen gut. So stellt sich das natürliche Sättigungsgefühl rechtzeitig ein.
- Achten Sie auf Abwechslung: gelegentlich Fisch statt Fleisch, Vollreis, Hirse oder Polenta statt Teigwaren, Hülsenfrüchte (z.B. Linsentopf mit Gemüse).
- Gemüse enthalten wertvolle Vitamine, Mineralstoffe und Nahrungsfasern.
- Milch und Milchprodukte sind wichtige Lieferanten von Eiweiss, Kalzium, Vitaminen und Mineralstoffen. Sie enthalten allerdings auch viel Fett. Wer Milch schlecht verdaut, kann Sojamilch, Joghurt, Kefir oder Quark versuchen.
- Schweres Essen (Saucenfleisch mit Spätzli, Käsefondue) sowie Rohkost eignen sich besser für das Mittagessen; das Abendessen sollte leicht verdaulich sein (zum Beispiel Gemüsesuppe).
- Mässigen Sie insgesamt die Zufuhr von Fett, Zucker und Alkohol.

Das Gewicht im Griff

Für viele Pensionierte hat die Veränderung der Ernährung und des Lebensstils eine unerfreuliche Nebenwirkung: Sie nehmen zu. Denn durch die Pensionierung ändert sich die gesamte Lebensweise. Der Tagesrhythmus wird in der Regel gemächlicher, das soziale Umfeld, in dem gegessen und getrunken wird, wandelt sich. Der Energiebedarf eines Bauarbeiters, der nach der Pensionierung gerne vor dem Fernseher sitzt, nimmt massiv ab. Die ehemalige Buchhalterin, die nun endlich Zeit für ausgedehnte Wanderungen hat, braucht hingegen mehr Kalorien.

Individuelle Nahrungsbilanz
Überlegen Sie sich, wie sich Ihr Kalorienbedarf beim Übergang vom Erwerbsleben in den Ruhestand verändert:
- Haben Sie beruflich viel körperliche Arbeit geleistet? Wie sieht Ihr Arbeitsprogramm nach der Pensionierung aus?
- Haben Sie den Arbeitsweg zu Fuss oder mit dem Fahrrad zurückgelegt? Bewegen Sie sich nach der Pensionierung in ähnlichem Mass?
- Wie umfangreich waren und sind Ihre sportlichen Aktivitäten – vor und nach der Pensionierung?

Die Antworten geben Ihnen einen ersten Hinweis auf die benötigten Kalorien. Mit der Pensionierung wandelt sich aber auch der Lebensstil und damit die Nahrungszufuhr:

- Ändern sich die Zusammensetzung und die Menge des Frühstücks?
- Was nahmen und nehmen Sie zwischen den Mahlzeiten zu sich (z. B. Schokolade, Gebäck, Süssgetränke)?
- Wie nahrhaft waren und sind Ihre Hauptmahlzeiten?
- Hat die Veränderung der Rahmenbedingungen (z. B. Kantinenessen oder Fastfood, Zeitaufwand und Geselligkeit bei den Mahlzeiten) einen Einfluss auf die Nahrungsaufnahme?

Diese erste Übersicht schärft Ihren Blick für die Veränderungen des Kalorienhaushalts.

TIPP *Überprüfen Sie Ihr Körpergewicht vor und nach der Pensionierung regelmässig, und passen Sie die Ernährung und das Bewegungspensum entsprechend an.*

YOLANDA S., EHEMALIGE SACHBEARBEITERIN Rechnungswesen, schildert ihre Essgewohnheiten im Büro: «Während meiner Erwerbsarbeit war das Essen stark verbunden mit dem Bedürfnis nach Geselligkeit. Ich musste zwischendurch aus meinem Büro raus: Zum Znüni gabs Kaffee und Gipfeli und einen kurzen Schwatz. Mittags ass ich entweder in der Kantine eine Kleinigkeit, oder ich hatte ein Sandwich von zu Hause mitgebracht. Spätestens um halb vier meldete sich wieder ein Kaffee-Gluscht, und dann gönnte ich mir auch eine Süssigkeit. Das war alles nicht sehr gesund. Seit der Pensionierung geniesse ich jeweils ein währschaftes Frühstück. Abends gibts meistens etwas Warmes. Die Süssigkeiten habe ich – seit die Waage Alarm geschlagen hat – durch Obst ersetzt.»

Bierbauch oder Birne?

Übergewicht ist nicht gleich Übergewicht: Nach neusten Erkenntnissen spielt es für die Gesundheit eine grosse Rolle, wo sich die überflüssigen Pfunde angesammelt haben. Besonders problematisch ist ein Kugelbauch (sogenannte Apfel-Figur), weil damit ein höheres Risiko für Herz-Kreislauf-Erkrankungen und andere Zivilisationskrankheiten besteht. Fettpolster an den Hüften und Beinen (Birnen-Figur) sind dagegen eher gesundheitsverträglich.

Neben dem Body-Mass-Index wird deshalb heute vermehrt das Verhältnis von Bauch- und Hüftumfang, die Waist Hip Ratio (WHR) berechnet. So gehts: Messen Sie im Stehen (ohne Kleider) den Taillenumfang auf Bauchnabelhöhe sowie den Hüftumfang in Höhe des obersten äusseren Knochenvorsprungs am Oberschenkel. Dividieren Sie dann Taillenumfang durch Hüftumfang. Der Wert sollte bei Männern unter 1 liegen, bei Frauen unter 0,85.

 TIPP *Auf der Website der Schweizerischen Gesellschaft für Ernährung können Sie Ihre Daten eingeben und erhalten weiterführende Empfehlungen: www.sge-ssn.ch → ich und du → teste dich*

Diät – nein danke
Dass die überflüssigen Pfunde lästig und ungesund sind, ist allgemein bekannt. Doch leider ist Zunehmen meistens leichter als Abnehmen. Ernährungsfachleute betonen, dass sich das Gewicht nur mit einer langfristigen Veränderung der Ess- und Lebensgewohnheiten verringern lässt. Für einen nachhaltigen Erfolg brauchen Sie drei Dinge: Zeit, Lust, etwas Neues auszuprobieren – und Disziplin.

> **STIMMT IHR GEWICHT?**
> Der Body-Mass-Index (BMI) ist die gängige Masszahl für die Beurteilung, ob Ihr Gewicht im Normbereich liegt. Er wird mit folgender Formel berechnet:
>
> $$\frac{\text{Gewicht in kg}}{\text{Grösse in m}^2} = \text{BMI}$$
>
> Bis zu einem BMI von 25 haben Sie ein Idealgewicht, zwischen 25 und 30 leichtes bis mittleres Übergewicht und darüber schweres.

CHANCE *Die Pensionierung bietet gute Voraussetzungen, um den Lebensstil so zu verändern, dass Sie Freude daran haben und nebenbei überflüssige Fettpolster abbauen. Erhöhen Sie Ihr Bewegungspensum. Ideal sind Tätigkeiten wie Velofahren, Schwimmen, Joggen, Walken oder Bergwandern. Wer sich zu zweit oder in einer Gruppe bewegt, gewinnt neben den sozialen Kontakten auch moralische Unterstützung. Und die Psyche profitiert ebenfalls: Botenstoffe, die bei Anstrengung ausgeschüttet werden, sorgen für wohlige Gefühle.*

Alkohol: ein Gläschen mehr nach der Pensionierung?
Die Pensionierung hat Auswirkungen auf den Alkoholkonsum: Gemäss der jüngsten schweizerischen Gesundheitsbefragung trinken 44 Prozent

der 65- bis 74-jährigen Männer täglich Alkohol, gegenüber bloss 35 Prozent der 55- bis 64-Jährigen. Bei den Frauen bleibt der Anteil hingegen konstant bei 18 Prozent.

BUCHTIPP

Im Beobachter-Ratgeber **«Essen. Geniessen. Fit sein»** finden vor allem Frauen Hintergrundwissen und zahlreiche Tipps für die Ernährung. Sie erhalten Informationen, wie Sie Ihr Gewicht am besten unter Kontrolle halten, und erfahren dabei alles Wissenswerte über die Ernährung im Alter.

www.beobachter.ch/buchshop

Ein geringer Alkoholkonsum kann sich laut der schweizerischen Fachstelle für Alkoholfragen (SFA) positiv auf die Gesundheit auswirken. Rotweine enthalten wertvolle Flavonoide und Polyphenole. Diese Stoffe aus der Haut der Weinbeeren wirken sich günstig auf die Abwehr von Herzkrankheiten und Arteriosklerose aus. Um diese günstigen Effekte zu erzielen, reicht allerdings schon ein Glas täglich.

Wer ein Glas zu jedem Essen trinkt, vorher jeweils noch einen Aperitif und danach einen Cognac… und als Schlummertrunk noch ein letztes Bier, wird schleichend vom Alkohol abhängig. Vor allem Männer nutzen die geselligen Muntermacher gegen depressive Verstimmungen. Wenn Sie solche Gewohnheiten bei sich wahrnehmen, sollten Sie einmal während zwei Wochen auf jeden Alkoholkonsum verzichten. Gelingt Ihnen dies nicht, ist ein offenes Gespräch mit dem Hausarzt oder einer andern Fachperson angezeigt.

HINWEIS *Ein Gramm Alkohol enthält 7 Kalorien; fast doppelt so viel wie reiner Zucker. In einer 7,5-dl-Flasche Bier oder in 4 dl Wein stecken 30 Gramm Alkohol. Damit ist rund ein Zehntel des Kalorienbedarfs eines älteren Menschen abgedeckt – ohne Zufuhr von nützlichen Nährstoffen.*

CHANCE *Ab 65 ist das Leben definitiv zu kostbar, um schlechten Wein zu trinken. Das Motto könnte deshalb heissen: Weniger, aber dafür nur noch ausgesuchte Tropfen!*

Spiel, Bewegung und Geselligkeit

Körperliches Training ist für die Gesundheit ebenso wichtig wie eine ausgewogene Ernährung – und macht erst noch gute Laune. Von Aquafitness über Bauchtanz bis zu Skiwandern, Tischtennis oder Tai-Chi – folgen Sie einfach Ihren Vorlieben!

Für viele ältere Menschen steht nicht das körperliche Training im Mittelpunkt, wenn sie in einem Turnverein mitwirken, in einer fröhlichen Gruppe wandern oder mit den Enkelkindern Ball spielen. Viel wichtiger ist die Geselligkeit, der gemeinsame Spass, das befreiende Lachen. Damit tun Sie schon sehr viel für Ihre Gesundheit! Denn Lebensfreude und eine positive Einstellung sind gesundheitsfördernd. Sie helfen sowohl im Alltag wie auch bei der Bewältigung kritischer Lebensphasen.

Körper im Schuss

Wer seine körperliche Leistungsfähigkeit langfristig erhalten oder sogar steigern möchte, erreicht dies am besten durch ein regelmässiges Training. Ideal ist eine Kombination von Ausdauer-, Kraft- und Beweglichkeitstraining.

Ausdauer

Regelmässiges Ausdauertraining senkt das Risiko von Herz-Kreislauf-Krankheiten und stärkt die Immunabwehr. Beim Velofahren, Schwimmen, Ski-Langlauf oder Bergwandern arbeitet das Herz über längere Zeit mit einer erhöhten Leistung. Die Atmung wird intensiver. Das Zwerchfell hebt und senkt sich – und fördert damit die Verdauung. Nebenbei verbrennt der Körper Fett. Die tiefe Atmung in der Natur und der Einfluss des Lichts wirken sich positiv auf die Stimmung aus.

Ideal sind zwei oder drei Trainingseinheiten in der Woche. Die Intensität dosieren Sie so, dass Sie nicht keuchen müssen, sondern sich noch normal unterhalten können. Zwischendurch können Sie Intervalle mit höherem Puls einlegen.

HINWEIS *Joggen belastet die Gelenke. Sanfter ist Nordic Walking mit zwei Stöcken, deren wirkungsvollen Einsatz – wie beim Ski-Langlauf – Sie erlernen sollten.*

CHANCE *Verbinden Sie das Nützliche mit dem Angenehmen: Schliessen Sie sich für den Ausdauersport mit Gleichgesinnten zusammen. Das ist kurzweiliger und motiviert Sie, auch bei trübem Wetter ins Freie zu gehen.*

Krafttraining

Noch vor wenigen Jahren galt das Training von Kraft und Schnelligkeit als Domäne der Jungen. Jetzt sprechen neue sportmedizinische Studien für ein Krafttraining bis ins hohe Alter. Die weitverbreitete Schonhaltung führt nämlich zu einem raschen Abbau der Muskeln. Dem können Sie mit genügend Körperaktivität entgegenwirken.

Krafttraining beginnt im Alltag: beim Treppensteigen, Einkaufen mit dem Velo, Holzhacken oder bei der Gartenarbeit. Daneben bieten viele

KALORIENVERBRAUCH VERSCHIEDENER TÄTIGKEITEN

Tätigkeit während einer Stunde	Kalorienverbrauch*
Putzen	240
Gymnastik	260
Gehen oder Walking	312
Rasenmähen	440
Bergwandern	476
Radfahren 20 km/h	520
Brustschwimmen	632

* berechnet für eine Person mit einem Körpergewicht von 65 Kilo und einem täglichen Bedarf von rund 2400 Kalorien

Sportvereine, Kursanbieter wie die Klubschule Migros, Pro Senectute oder Fitnessstudios unterschiedliche Möglichkeiten des systematischen Krafttrainings an.

Wichtig ist – wie beim Ausdauertraining – die Regelmässigkeit. Mit zwei bis drei Trainingseinheiten pro Woche ist eine Kraftsteigerung möglich; eine Einheit reicht, um den Trainingsstand zu halten.

Eine Alternative zum Krafttraining an Geräten oder mit Hanteln bieten elastische Latexbänder. Damit lassen sich vielfältige Übungen für Arm-, Bein- und Rumpfmuskulatur durchführen. Neben der Kraft werden auch Koordination und Gleichgewichtsfähigkeit trainiert. Und noch ein Plus: Ausgewogenes Krafttraining wirkt sich positiv auf die Körperhaltung und -form aus.

Die Suva bietet Informationsmaterial und Onlineprogramme an (www. suva.ch → Service → Kampagnen → Freizeit).

JULES G. IST 82 und geht regelmässig in den Fitnessclub: «Von Gleichaltrigen werde ich oft ‹angezündet›: Ein über 80-Jähriger im Fitnessclub, das ist doch lächerlich! Die dummen Sprüche lassen mich aber kalt. Ich trainiere jede Woche dreimal nach dem Frühstück etwa anderthalb Stunden lang. Zuerst wärme ich mich auf dem Laufband auf. Dann mache ich gezieltes Krafttraining an den Maschinen und mit Freihanteln. Seit einigen Jahren mache ich auch ein systematisches Gleichgewichtstraining.

Die Physiotherapeutin hier im Club hat mir die Übungen zusammengestellt. Zum Schluss kommen ein paar Dehnungs- und Entspannungsübungen. Manchmal muss ich mir am Morgen schon einen ‹Schupf› geben und meine Trainingstasche packen. Sobald ich aber mit den ersten Übungen angefangen habe, fühle ich mich wohl. Ich bin zwar ein alter Mann, aber ich bin noch kräftig und sicher auf den Beinen.»

CHANCE Viele Fitnessclubs bieten günstige Tarife ausserhalb der abendlichen Stosszeiten an. Am Vor- oder Nachmittag können Sie gemütlich ein Aufbautraining beginnen. Die Instruktorinnen haben Zeit, um Ihnen geeignete Geräte und Übungen zu zeigen. Nach dem dritten Training haben Sie den Muskelkater vergessen, und nach einem Monat freuen Sie sich schon über den Zuwachs an Kraft und Beweglichkeit.

Koordination und Beweglichkeit

Kraft und Ausdauer sind unentbehrlich für körperliche Leistungen. Damit Sie sich sicher bewegen können, brauchen Sie zusätzlich eine gute Koordination und Beweglichkeit. Gymnastik, Tanz, Aerobic oder Ballspiele fördern beides. Die Kursprogramme von Pro Senectute oder andern Anbietern für Menschen über 50 sind besonders in diesem Bereich vielfältig.

 CHANCE *Gehören Sie zu jener Hälfte der Menschheit, der schon der Gedanke an Turnschuhe, verschwitzte T-Shirts und fröhlich hüpfende Vorturner ein Graus ist? Dann stellen Sie sich Ihr ganz individuelles Bewegungsprogramm zusammen: ein täglicher Spaziergang, Treppe statt Lift, Einkaufsbummel ohne Auto – schon kleine Veränderungen können Ihre Bewegungsaktivität erhöhen und zu Ihrem Wohlbefinden beitragen.*

Fitness für den Geist

Das Berufsleben fordert in der Regel die intellektuellen Fähigkeiten bis zur Pensionierung. Im Rentenalter sind die Voraussetzungen sehr gut, die geistige Beweglichkeit auf eine angenehme und bereichernde Weise zu erhalten.

Lernen mit allen Sinnen

Das Gehirn braucht – wie die Muskeln – regelmässige Übung. Ohne Krankheit kann es bis ins hohe Alter hervorragend funktionieren. Viele Dichter und Geisteswissenschaftler haben im Rentenalter ihre grössten Werke verfasst. Die moderne Neurowissenschaft zeigt immer deutlicher, dass die Plastizität oder Formbarkeit des Hirns im Alter nicht verloren geht. Dafür braucht es aber laufend Anreize. Wenn Sie in den Ferien eine fremde Sprache sprechen und lesen, stellt das Hirn automatisch neue Verbindungen her. Das Erlernte wird vertieft und gespeichert.

Geistiges Training heisst, den Kopf immer wieder mit neuen Fragen und Aufgaben herauszufordern. Im Berufsleben wurde wahrscheinlich nur ein Teil Ihrer Talente gefordert und gefördert – häufig das Verständnis für Zahlen und logische Zusammenhänge. Anderes lag brach. Die Intelligenz besteht aber aus viel mehr Facetten: dem räumlichen Vorstellungsvermögen, der Musikalität (Melodien, Rhythmen, Harmonien) oder der Fähig-

DAS ÄNDERT SICH

Mit zunehmendem Alter verändert sich das Lernvermögen:

■ Auswendiglernen braucht mehr Zeit.

■ Die Störungsanfälligkeit – zum Beispiel gegenüber Lärm oder Unterbrüchen durch E-Mails oder Telefonanrufe – nimmt zu.

■ Aufgrund des grossen Erfahrungswissens können neue Erkenntnisse im Alter dafür besser verknüpft und integriert werden.

keit, Gefühle anderer Menschen wahrzunehmen und darauf einzugehen. Das Rentenalter bietet viele Gelegenheiten, bekannte Talente zu entwickeln und verborgene zu entdecken.

Wer geistig rege ist und über viele Lebensbereiche Bescheid weiss, bleibt für andere Menschen anregend und attraktiv. Nutzen Sie vielfältige Informationsquellen: Internet, Zeitungen, Fernsehdokumentationen, Sachbücher und Romane. Besuchen Sie Vorträge und Diskussionen mit Fachleuten. Ausflüge und Besichtigungen vermitteln sinnliche Eindrücke. Bei Reisen in fremde Länder lassen sich die Sprachkenntnisse alltagsbezogen erneuern. Wenn Sie in einer spanischen Bodega mit Einheimischen plaudern, wächst Ihr Wortschatz mit jedem Gläschen.

CHANCE Schauen Sie am Abend die Tagesschau? Erweitern Sie – ohne zeitlichen Zusatzaufwand – Ihre Sprachkenntnisse, indem Sie für Informationssendungen während ein paar Wochen auf einen fremdsprachigen Kanal umschalten. Wie wärs mit einem Tessiner oder Westschweizer Programm, mit BBC oder CNN?

Spielerisch lernen

Was sagt Ihnen mehr zu: Gedächtnis- und Kombinationsleistungen, die Sie zusammen mit andern erbringen, zum Beispiel beim Kartenspiel, am Schachbrett, im Laientheater oder in einem Volkshochschulkurs? Oder eine Runde Knobeln im stillen Kämmerlein? Was Sie auch vorziehen: Bringen Sie Ihr Gehirn möglichst lustvoll auf Touren!

HINWEIS Tanzen, Singen oder Ballspielen sind vordergründig körperliche Aktivitäten. Dabei arbeitet aber auch das Hirn auf Hochtouren. Es erstellt ständig neue Verbindungen und bleibt so jung.

Entspannen Sie sich

Schön, wenn Sie aktiv sind, sich bewegen, die Muskeln trainieren und den Geist mit anspruchsvollen Aufgaben wachhalten. Vergessen Sie dabei aber nicht, auch der Entspannung genügend Raum zu geben. Nach körperlich anstrengenden Tätigkeiten ist eine Ruhephase nötig. Auf einen Trainingstag im Fitnessclub folgen idealerweise zwei Tage, in denen sich die Muskeln regenerieren können.

Ähnlich ist es mit der Kopfarbeit: Mit gutem Grund erheben sich bei Schachturnieren die Spieler immer mal wieder, bewegen sich ein paar Schritte, atmen gut durch und setzen sich danach mit neuer Energie ans Brett. Das Hirn verbraucht bei konzentrierter Denkleistung einen sehr hohen Anteil der Körperenergie. Kurze Erholungspausen reduzieren Konzentrations- und Müdigkeitsfehler.

Viele Pensionierte lösen sich erst allmählich vom Leistungsdruck des Berufsalltags. Sie gönnen sich zu wenig Ruhe und Entspannung. Diese Tipps können Sie unterstützen:

- Mach mal Pause! Unterbrechen Sie lang dauernde Tätigkeiten periodisch. Bewegen Sie sich, trinken Sie ein Glas Tee oder essen Sie einen Apfel.
- Legen Sie sich auf den Rücken und entspannen Sie bewusst Ihre Schultern, Arme, das Becken und die Beine.
- Konzentrieren Sie sich während einigen Minuten auf das Ausatmen.
- Gönnen Sie sich nach einer anstrengenden Wanderung oder Gartenarbeit ein warmes Bad und eine Partnermassage.
- Unter fachlicher Anleitung können Sie eine Entspannungstechnik wie autogenes Training oder Qi Gong erlernen.

CHANCE *Überdenken Sie einmal Ihre Aktivitäten an einem Tag oder in einer Woche. Was haben Sie zur Entspannung unternommen? Suchen Sie zusätzliche beruhigende und erholsame Tätigkeiten und planen Sie diese bewusst in den Alltag ein.*

Erholung und Schlaf

Durch die Pensionierung ändern sich die körperlichen und geistigen Anforderungen. Die Tage und Nächte erhalten einen anderen Rhythmus. Nun können Sie mehr im Einklang mit Ihrer inneren Uhr leben. Behalten Sie dennoch eine gewisse Struktur bei:

- Beginnen Sie den Tag möglichst immer zur gleichen Zeit.
- Sorgen Sie für Abwechslung im Tagesablauf und Wochenrhythmus.
- Unterbrechen Sie anstrengende Tätigkeiten regelmässig durch kleine Erholungspausen.
- Gönnen Sie sich ein Mittagsschläfchen.
- Beenden Sie den Tag mit ruhigen Tätigkeiten.
- Zeit zum Schlafen ist es, wenn Sie müde sind.

Schlafstörungen

Viele ältere Menschen klagen über gelegentliche oder auch regelmässige Schlafstörungen. Tatsächlich sind einige Veränderungen altersbedingt: In der Regel verlagert sich der Schlaf zeitlich nach vorne. Ältere Menschen brauchen etwas weniger Nachtschlaf. Die durchschnittliche Schlafdauer bewegt sich bei Erwachsenen mit zunehmendem Alter von rund acht gegen sieben Stunden (mit normalen Abweichungen von plus / minus einer Stunde.) Der Schlaf ist nicht mehr so tief wie in jungen Jahren; die Aufwachphasen werden häufiger.

> **BUCHTIPP**
> «Schluss mit Schlafproblemen! So verbessern Sie Ihre Schlafqualität und Ihr Wohlbefinden»
> www.beobachter.ch/buchshop

Wer eine oder zwei Nächte schlecht geschlafen hat, ist deswegen am andern Tag in der Regel noch nicht beeinträchtigt. Von einer Schlafstörung ist erst die Rede, wenn jemand während längerer Zeit abends müde ins Bett geht und dann länger als eine halbe Stunde wach liegt, oder wenn jemand regelmässig in der Nacht aufwacht und nicht mehr einschlafen kann.

Beachten Sie bei Schlafstörungen folgende Empfehlungen:

- Essen Sie abends leichte Kost, also kein Fleisch mit Rahmsauce oder schwer verdauliche Rohkostsalate.
- Verzichten Sie abends und am späten Nachmittag auf koffeinhaltige Getränke.
- Ein Abendspaziergang ist besser für den späteren Schlaf als ein aufregender Fernseh-Krimi.
- Benutzen Sie das Bett – und idealerweise das Schlafzimmer – nur zum Schlafen und für sexuelle Aktivitäten. Wenn Sie nicht schlafen können, stehen Sie auf, lesen Sie oder erledigen Sie eine Routinearbeit.
- Alkohol fördert bei manchen Menschen zwar das Einschlafen, bewirkt aber einen leichteren Schlaf. Die entwässernde Wirkung des beliebten Schlummertrunks zwingt einen zudem zu einem nächtlichen Gang auf die Toilette.

Leichtigkeit der Seele

Ältere Menschen sind im Durchschnitt zufriedener als junge Erwachsene. Sie beurteilen ihr psychisches Wohlbefinden wesentlich positiver als Personen im mittleren Erwachsenenalter. Sie haben erfahren, dass das Leben auch nach schwierigen Phasen weitergeht, und sie haben ihre Lebensträume an die realistischen Möglichkeiten angepasst (mehr dazu im Kapitel «Glück und Zufriedenheit», Seite 179).

Nach der Pensionierung treten jedoch auch depressive Störungen vermehrt auf. Manche Menschen leiden unter Minderwertigkeitsgefühlen, Ängsten und Lebensunlust. Sie sehen nicht die vielen verlockenden Möglichkeiten des Ruhestands, sondern bloss die mit dem Ausscheiden aus dem Berufsleben verbundenen Verluste. Das kann alte, im Unbewussten schwelende Verletzungen und Enttäuschungen wachrufen.

Anflüge von Melancholie sind in Umbruchphasen normal. Verstärkt sich eine dunkle, destruktive Stimmung aber während mehreren Wochen, ist ein Gespräch mit der Hausärztin oder einem Psychotherapeuten angezeigt.

Blick zurück – und nach vorn

Benutzen Sie die Pensionierung, die sowieso eine Neuorientierung mit sich bringt, für einen selbstkritischen Blick auf Vergangenheit, Gegenwart und Zukunft. Nehmen Sie sich genügend Zeit und gehen Sie folgenden Fragen nach:

- Was hat meinem bisherigen Leben Sinn gegeben?
- Strebe ich nach Erkenntnissen und persönlicher Entwicklung?
- Wie bedeutend waren für mich die berufliche Karriere und materieller Erfolg sowie Wohlstand?
- Welchen Stellenwert hatten und haben soziale Beziehungen (Partner / Partnerin, Familie, Freunde)?

- Fühle ich mich mitverantwortlich für die gesellschaftlichen Verhältnisse und den Zustand der Umwelt?
- Ist mein Leben bestimmt von Zufällen, oder folgt es einem Plan? Wer hat diesen Plan entworfen?
- Wie weit war und bin ich meines Glückes eigener Schmied? Glaube ich an eine göttliche Kraft?
- Was wird von mir bleiben über meinen Tod hinaus?

Wenn Sie über solche Fragen nachdenken und reden, trägt dies dazu bei, die kommenden Jahre bewusst und befriedigend zu gestalten. Das lohnt sich doppelt, denn Menschen, die in ihrem Leben einen tieferen Sinn erkennen, sind gemäss verschiedenen Studien zufriedener, gesünder und haben eine längere Lebenserwartung. Mehr Informationen zu diesen Themen finden Sie im folgenden Kapitel.

CHANCE *Gibt es ein Thema, das Sie besonders fasziniert; einen Ort, der Ihre Sehnsucht weckt; eine wichtige Beziehung, die der Klärung bedarf; eine Herausforderung, die Ihr Herz zum Klopfen bringt? Geben Sie Ihrem Alltag immer wieder aufs Neue einen Sinn. Verwandeln Sie Träume in konkrete Pläne. Und machen Sie dazu heute den ersten Schritt!*

8

Glück und Zufriedenheit

Die Suche nach dem Glück ist an kein Alter gebunden. Schon in der Jugend erfahren die Menschen, dass sich das Glück nicht herbeizwingen lässt. Sie können das Leben jedoch individuell gestalten. Dieses Kapitel bietet einen Überblick über die aktuelle Forschung und gibt Ihnen Anregungen für ein zufriedenes Leben.

Was ist Glück?

Forscher, Dichter und Denker haben sich schon immer mit dieser Frage befasst und eine Fülle von interessanten Bausteinen des Glücks analysiert und beschrieben. Ein allgemeingültiges Rezept gibt es aber nicht.

Sind Sie ein zufriedener Mensch? Im grossen Ganzen schon, aber… werden Sie vielleicht denken. Noch schwieriger zu beantworten ist die Frage: Wann waren Sie das letzte Mal uneingeschränkt glücklich? Glücksgefühle lassen sich kaum beschreiben. Für die einen ist Glück die Leichtigkeit bei einem sommerlichen Mittagessen mit Freunden und einer lachenden Kinderschar im Garten, für andere die stille Genugtuung, wenn aus dem Nebel des Nachdenkens plötzlich eine neue Erkenntnis auftaucht. Mit ei-

---

FLOW – EINE GLÜCKSTHEORIE

In einer Tätigkeit, die höchste Konzentration und Hingabe erfordert, können starke Glücksströme entstehen. Diese – anhand der Hirnströme messbaren – Gefühle werden als Flow bezeichnet. Flow ist ein Zustand, in dem Aufmerksamkeit, Motivation und die Umgebung in einer Art von produktiver Harmonie zusammentreffen. Alles ist dann im Fluss, alles fliesst. Der Psychologe Mihaly Csikszentmihalyi definiert den Flow wie folgt:

- Wir sind der Aktivität gewachsen.
- Wir sind fähig, uns auf unser Tun zu konzentrieren.
- Die Aktivität hat deutliche Ziele.
- Wir haben das Gefühl von Kontrolle über unsere Aktivität.
- Unsere Sorgen um uns selbst verschwinden.
- Unser Gefühl für Zeitabläufe ist verändert.
- Nicht alle Bestandteile müssen gemeinsam vorhanden sein.

Welche Aktivitäten bei einer Person ein flowartiges Glück auslösen, ist individuell verschieden. Erforscht wurde es unter anderem bei sportlichen Tätigkeiten wie Wildwasser-Kajak und mit Jugendlichen, die sich in Computerspiele vertiefen. Intensivste Glücksgefühle erleben Menschen auch bei der Sexualität in einer vertrauensvollen Beziehung. ■

nem geliebten Menschen zusammen zu sein, kann Glück bedeuten, nach langem Aufstieg einen Berggipfel zu erklimmen oder beim Jassen den vierten Buben zu ziehen.

Glück und Zufriedenheit sind enge Verwandte. In der Forschung und auch in der Alltagssprache werden die Begriffe deshalb häufig vermischt. Das Wort Zufriedenheit beschreibt meistens einen Gefühlszustand oder eine Grundstimmung. Jemand kann über lange Zeit zufrieden sein. Glücksgefühle hingegen sind kurz und flüchtig. Sie tauchen oft unerwartet auf und verschwinden ebenso überraschend wieder – besonders, wenn wir versuchen, sie festzuhalten.

DIE 64-JÄHRIGE ELISABETH G. BESCHREIBT ES SO: «Seit ich pensioniert bin, lebe ich mehr nach meiner inneren Uhr. Letzthin habe ich abends alte Fotografien sortiert und dabei völlig die Zeit vergessen. So viele starke Erinnerungen sind aufgetaucht. Als ich auf die Uhr schaute, war es halb drei. In den Nachbarhäusern war es dunkel und still. Ich bin ganz glücklich ins Bett gesunken, und am Morgen habe ich natürlich ausgeschlafen.»

Im internationalen Vergleich ist die schweizerische Bevölkerung – wie jene von Holland und den skandinavischen Ländern – sehr glücklich. Gründe dafür sind:

- eine Staatsform mit überschaubaren Strukturen, die Mitsprache, Sicherheit und Freiheit bietet
- der allgemeine Wohlstand, zu dem vergleichsweise breite Schichten der Bevölkerung Zugang haben
- das Vertrauen in die andern Menschen und in die Institutionen des Landes

CHANCE *Wer sind die glücklichsten Menschen in Ihrem Umfeld? Woran erkennen Sie das? Was steckt dahinter? Versuchen Sie, einige der erkannten «Glücksfaktoren» für Ihre eigene Lebensgestaltung nach der Pensionierung zu nutzen!*

181

Das liebe Geld

Weil fast alle Menschen nach Wohlstand streben, vertreten die meisten Nationalökonomen und Politiker die Meinung, ein guter Staat müsse vor allem optimale Bedingungen zum Geldverdienen und für die Sicherung des erworbenen Vermögens schaffen. Die Marktwirtschaft hat diesen Anspruch weitgehend erfüllt. Doch in Europa, den USA und Japan, wo langfristige Erhebungen über die Zufriedenheit vorliegen, sind die Menschen in den vergangenen Jahrzehnten – trotz der enormen Zunahme des materiellen Wohlstands – nicht wesentlich glücklicher geworden.

Umgekehrt trifft die Aussage «arm, aber glücklich» weder für Einzelpersonen noch für ganze Völker zu. Wer keinen Zugang zu ausreichender Nahrung, Bildung und Gesundheitsversorgung hat, erlebt dies als Beeinträchtigung. In solchen Situationen der Enge und Not bewirkt mehr Einkommen eine klar höhere Zufriedenheit. Sind die Grundbedürfnisse befriedigt, trägt zusätzlicher Wohlstand jedoch bloss noch in bescheidenem Ausmass zu mehr Zufriedenheit bei.

HINWEIS *Träumen Sie gelegentlich von einem Sechser im Lotto? Schön wärs, doch in verschiedenen Ländern haben Studien mit Lottomillionären gezeigt, dass die Champagnerlaune rasch verfliegt und nicht selten einen Kater hinterlässt. Ein Jahr nach dem grossen Glückstreffer sind die Gewinner im Durchschnitt mit ihrem Leben etwa gleich zufrieden wie vorher. Ähnlich ist es im Berufsalltag. Der Karriereschritt mit entsprechender Lohnerhöhung sorgt zwar kurzfristig für Freude, aber die Zufriedenheit verändert sich nicht nachhaltig. Spielverderber ist der Gewöhnungseffekt.*

Auch wenn Geld nicht dauerhaft glücklich macht: Finanzielle Sicherheit beruhigt. Ein gewisser Wohlstand bietet zudem eine gute Grundlage für Grosszügigkeit und Freiheiten in der Lebensgestaltung – eine wichtige Voraussetzung, damit Sie das tun können, was Ihnen Spass macht und Befriedigung gibt.

ROLAND D., 64, IST PENSIONIERTER BANKANGESTELLTER. Sein Verhältnis zum Geld schildert er so: «Ich habe 40 Jahre lang gearbeitet, für die Familie gesorgt und den Kindern eine gute Ausbildung ermöglicht. Obwohl ich gut verdient habe und wir zum Beispiel immer tolle Ferien machen konnten, musste ich mit dem Geld haushalten. Mit meiner Rente können meine Frau und ich jetzt gut leben. Auf dem Haus sind nicht mehr so viele Hypotheken. Wir haben Erspartes und können uns etwas leisten. Das haben wir verdient. Man muss sich etwas gönnen, solange man noch gesund ist. Es ist ein gutes Gefühl, immer genug Geld im Portemonnaie zu haben… und dazu noch eine Kreditkarte.»

Geborgen in der Familie und im Freundeskreis

Offensichtlich gibt es neben dem materiellen Wohlstand andere Faktoren, die für das Glück bedeutend sind. Die Tabelle auf Seite 184 fasst einige Erkenntnisse der Glücksforschung zusammen.

Menschen sind soziale Wesen, oder, wie es Martin Buber sagte: «Der Mensch wird am Du zum Ich.» Eine befriedigende Partnerschaft, die Geborgenheit in Familie und Freundeskreis und gute nachbarschaftliche Beziehungen sind für das Wohlbefinden von höchster Bedeutung. Umgekehrt machen Einsamkeit und soziale Isolation krank. Der Verlust von engen Angehörigen und krankheitsbedingte Einschränkungen sind bedrückend.

CHANCE *Als Pensionierte haben Sie Zeit für Beziehungen. Vielleicht haben Sie noch alte Eltern, Geschwister oder Jugendfreunde, die Ihren Lebensweg geteilt haben. Nutzen Sie die Chance, in diesen Beziehungen «tiefer zu graben», verdrängte Fragen zu klären, Konflikte aufzulösen und sich mit Unabänderlichem zu versöhnen.*

Neben den menschlichen Beziehungen ist die Freiheit, selber Aktivitäten und Aufgaben auszuwählen und zu verwirklichen, eine wesentliche Grundlage für Zufriedenheit.

CHANCE *Glücklich sind Sie, wenn Sie Ihre Ziele selber festlegen. Schielen Sie nicht nach dem Glück der andern. Es kommt nur auf Sie persönlich an.*

ERKENNTNISSE DER GLÜCKSFORSCHUNG

	Faktoren mit positiver Wirkung	Faktoren mit negativer Wirkung
sehr grosse Bedeutung	tragfähige familiäre und freundschaftliche Beziehungen	Trennung, Scheidung, Tod von Partnerin / Partner
	eigene Gestaltungsmöglichkeit bei der Arbeit oder einer ehrenamtlichen Tätigkeit	Einsamkeit, soziale Isolation
	Freiheit (gesellschaftlich und privat)	Krankheit
	Vertrauen	Arbeitslosigkeit
	Glaube an eine göttliche Kraft oder einen Lebenssinn	Angst vor Stellenverlust
geringe Bedeutung	Einkommensverbesserung	Lohneinbusse

Bei den einen sorgt Bewegung auf der Finnenbahn für eine gehobene Stimmung, andere finden ihr Glück in einer Kunstausstellung oder einem Roman. Was für Sie die richtigen Aktivitäten sind, wissen nur Sie. Und wenn Sies noch nicht genau wissen, ist die Pensionierung der beste Zeitpunkt, um es herauszufinden.

HINWEIS *Viele Anregungen für die Gestaltung der Beziehungen finden Sie im Kapitel 5 ab Seite 115. Ideen für die Freizeitgestaltung, neue Aufgaben und Tätigkeiten sind im Kapitel 4 auf Seite 91 dargestellt.*

ISIDOR H., 72, SAGT ÜBER GLÜCKSGEFÜHLE: «Das kommt auf die Jahreszeit an! Im Sommer ist es das kühle Bier nach einer anstrengenden Bergtour. Im Winter gibt es für mich nichts Schöneres als Ski-Langlaufen und dann in einem Thermalbad zu planschen.»
DER EHEMALIGE GRAFIKER SERGIO D., 66, RESÜMIERT: «Das kostbarste Gut war für mich immer freie Zeit. Ich bin eine Leseratte und ein Filmfreak, sitze gerne im Kaffee und diskutiere mit Freunden. Die

Erwerbsarbeit war ein notwendiges Übel, von dem ich jetzt befreit bin. Mit meiner kleinen Rente komme ich gut zurecht. Ich brauche kein Auto und keine teuren Ferien, nichts Schickes und Elegantes. Früher habe ich leidenschaftlich Bücher gekauft und gesammelt. Den grossen Teil meiner Bibliothek habe ich kürzlich ins Antiquariat gebracht. Damit spare ich die Miete für ein Zimmer. Ich hole mir die Bücher jetzt aus der Bibliothek. Mein Lieblingsort ist eine Bank im botanischen Garten, mein wichtigster Besitz die Lesebrille. Wenn es kalt ist oder regnet, sitze ich gerne in der warmen Stube. Ach ja, die neue Espressomaschine sorgt auch für Glücksmomente!»

Erfüllung in einer Aufgabe

Viele Pensionierte übernehmen eine Aufgabe, die eigene Bedürfnisse mit den Wünschen anderer Menschen oder gesellschaftlichen Anliegen verbindet. Sie leisten damit einen sinnvollen Beitrag zur Lösung eines Problems, setzen ihre Talente und Erfahrungen ein und entwickeln sie weiter, erhalten persönliche Anerkennung und Gelegenheiten, sich mit andern Menschen auseinanderzusetzen. Das schafft Zufriedenheit.

WERNER G., 68, amtet als Begleiter für Lehrstellensuchende: «Als ehemaliger Handwerksmeister habe ich viele Beziehungen und weiss, worauf es bei der Stellensuche ankommt. Deshalb habe

---

DAS GLÜCK DER VORFREUDE

Die Neurowissenschaft schaut den Menschen unter die Schädeldecke und findet Erklärungen für Phänomene des Glücks wie zum Beispiel die Vorfreude.

Schritt eins: Der Mensch setzt sich ein Ziel (zum Beispiel: Ich koche mir ein feines Essen; ich übernehme eine interessante Aufgabe; ich besuche einen alten Freund). Sofort schüttet der Körper Hormone aus, die eine angeregte Stimmung erzeugen.

Schritt zwei: Auf dem Weg zum Ziel hilft ein ganzer Hormoncocktail, Hindernisse zu überwinden, sich über Fortschritte zu freuen und der Wunscherfüllung näherzukommen.

Schritt drei: Ist das Ziel erreicht, hat sich der Hormonspiegel fast schon normalisiert. Zurück bleibt ein Gefühl der Genugtuung. ■

---

ich mich als ehrenamtlicher Coach zur Verfügung gestellt. Ich helfe Jugendlichen bei der Bewerbung für eine Lehrstelle. Es sind vor allem Jungs aus dem Balkan, die wegen Sprachschwierigkeiten schlechte Zeugnisse haben. Die können trotzdem geschickte Handwerker werden. Ich habe immer eine Riesenfreude, wenn einer die Probezeit heil überstanden hat.»

Vom Sinn des Lebens

Im menschlichen Leben einen Sinn zu erkennen, schafft Zufriedenheit. Natürlich wird kein kluger Mensch behaupten, er oder sie kenne den für alle geltenden Lebenssinn. Letztlich ist dies eine sehr persönliche Frage. Ihr nachzugehen – und mit vertrauten Personen darüber zu reden –, wird Sie bereichern.

Spuren führen auf vielen Wegen zum Lebenssinn. Fragen Sie sich zum Beispiel:

- Was waren im bisherigen Lauf des Lebens meine Ideale und Träume?
- Was ist daraus geworden?
- Was habe ich aus meinen Gaben und Talenten gemacht?
- Wie weit lebe ich mein Leben? In welchen Bereichen erfülle ich bloss die Erwartungen von anderen Menschen oder gesellschaftliche Normen?

«Erkenne dich selbst», lautete ein Mahnspruch der alten Griechen, und ein anderer: «Werde, der du bist.» Eine Kunst des Lebens besteht offenbar auch darin, immer wieder neu die eigenen Erwartungen und Möglichkeiten zu ergründen und aufeinander abzustimmen. Wenn Sie sich fragen: «Was macht mich wirklich zufrieden?», werden Sie auf viele – manchmal unscheinbare – Ereignisse stossen, die Sie erfreuen, herausfordern oder nähren. Das wird Ihnen dabei helfen, das zu tun, was für Sie persönlich richtig ist.

Was bleibt von mir?

Viele Menschen erkennen einen Lebenssinn, wenn sie Spuren ihres Wirkens hinterlassen. Wer eigene Kinder und Enkel hat, erlebt deutlich, dass das Leben – über den eigenen Tod hinaus – weitergeht. Andere schaffen Werke, bauen und pflanzen oder prägen ihr soziales Umfeld. Es macht auch Freude, einen liebgewonnenen Gegenstand an eine geeignete Person weiterzuschenken.

> ⊖ **CHANCE** *Was möchten Sie – mit warmen Händen – verschenken? Welche Erlebnisse und Erkenntnisse wollen Sie an Jüngere weitergeben? Suchen Sie die passenden Formen und Gelegenheiten.*

Alt und weise

Weisheit ist eine der wenigen positiven Eigenschaften, die vorwiegend dem Alter zugeschrieben wird. Junge können zwar schon gescheit sein, doch das reicht nicht. Was gehört zur Weisheit? Nebst viel Wissen auch die Fähigkeit, danach zu handeln. Ein grosser Erfahrungsschatz verhilft zu Gelassenheit. Weise Menschen haben erkannt, wie beschränkt und vorläufig ihre Erkenntnisse sind. Sie sind offen, von neuen Erkenntnissen widerlegt zu werden.

Als weise gelten Persönlichkeiten, die sich mutig und mit grosser Überzeugungskraft für andere Menschen und eine bessere Welt eingesetzt haben – zum Beispiel Gandhi, Jesus, Martin Luther King, Mutter Theresa oder der Dalai Lama.

Neben den berühmten Weisen gibt es die Alltagsweisheit. Sicher kennen Sie ein paar Menschen, die in schwierigen Lebenssituationen weise gehandelt haben. Und bestimmt erinnern Sie sich auch an eigene Losungswege, die Sie rückblickend als weise einstufen.

Die folgenden Eigenschaften gehören zu einer weisen Person:
- grosses Wissen, das in unterschiedlichen Zusammenhängen auf seine Praxistauglichkeit überprüft wurde
- die Fähigkeit, sich in andere Menschen einzufühlen und unterschiedliche Bedürfnisse und Denkweisen zu respektieren
- Kreativität bei der Suche nach Lösungswegen, die auch gegensätzliche Interessen angemessen berücksichtigen
- Erkenntnis der Begrenztheit des eigenen Wissens und der Endlichkeit des Lebens, was zu einer Haltung der Bescheidenheit führt

Der Alltag bietet Ihnen unzählige Gelegenheiten, diese Grundsätze anzuwenden. Sie bereiten damit sich selbst und andern Menschen viel Freude.

Auf der Suche nach Spiritualität

Religiöse Menschen erscheinen in vielen Zufriedenheitsstudien als besonders glücklich. Der Glaube an eine gütige, ordnende und heilende Kraft gibt ihnen ein Grundvertrauen. Sie erleben es als entlastend, die Grenzen des eigenen Einflussbereichs zu akzeptieren und darauf zu bauen, dass jenseits nicht ein schwarzes Loch ist. Im Gebet finden sie Kraft und Zuversicht, um auch schwierige Lebenssituationen durchzustehen.

Auch viele nicht religiöse Menschen suchen nach spirituellen Dimensionen ihres Lebens: Gibt es für unser Erdendasein einen tieferen Grund? Lässt sich hinter allem eine Ordnung erkennen? Steckt hinter der materiell fassbaren Welt etwas Immaterielles? Solche Fragen gewinnen im reiferen Alter an Bedeutung. Wer sich mit diesen letzten Fragen beschäftigt, darf allerdings keine schlüssigen Antworten erwarten. Auch wenn Sie den Stein der Weisen nicht finden, werden Sie auf dieser Suche viel erkennen, erleben und spüren.

Bücher können Ihnen bei Ihrer Suche zu wertvollen Begleitern werden. Vielleicht ahnen Sie bei einem einsamen Spaziergang am frühen Morgen etwas vom Atem der Natur. Das erste Lächeln eines Kindes und der letzte Händedruck eines Sterbenden vermitteln Ihnen ein tieferes Verständnis für das ewige Kommen und Vergehen. An bestimmten Orten – auf einem Berg, in einer leeren Kirche oder unter einer Linde – erleben Sie innere Ruhe. Vielleicht meditieren Sie in der Stille, versinken in klassische Musik oder in die fantastische Welt eines Romans. All dies trägt dazu bei, Ihr Leben in einem grösseren Ganzen einzuordnen.

CHANCE *Hören Sie nie auf, nach dem Sinn Ihres Lebens zu fragen. Die grösste Weisheit steht nicht in Ratgeber-Büchern. Sie liegt verborgen in Ihrem eigenen Innern.*

Anhang

Selbsttest: Sind Sie reif für die Pensionierung?

MARKIEREN SIE JEWEILS DIE AUSSAGE, DIE AM BESTEN AUF SIE ZUTRIFFT	PUNKTE
An meinem Arbeitsplatz erlebe ich viel Stress und wenig Freude.	1
Ich arbeite gerne – freue mich aber auch auf das Rentenalter.	2
Meine Berufstätigkeit befriedigt mich – unabhängig von meinem Alter.	3
Finanziell werde ich mich im Alter einschränken müssen.	1
Ich werde den gewohnten Lebensstandard beibehalten können.	2
Dank guter Rente und Vermögen habe ich viele Möglichkeiten.	3
Ich finde meine Arbeitskolleginnen und Vorgesetzten eher mühsam.	1
Die persönlichen Kontakte am Arbeitsplatz sind mir wichtig.	2
Begegnungen sind in meinem Beruf Herausforderung und Freude.	3
Vorbereitung auf die Pensionierung bringt nichts.	1
Ich löse Probleme dann, wenn sie auftreten.	2
Es macht mir Spass, meine Zukunft in der Fantasie durchzuspielen.	3
Wegen der vielen Arbeit konnte ich bisher kein Hobby ausüben.	1
Neben der Arbeit pflege ich meine Freizeitbeschäftigungen.	2
Engagierte Arbeit, Freizeit und Erholung sind mir immer wichtig.	3
Im Alter wird das Leben kaum besser als jetzt – eher im Gegenteil.	1
Jede Lebensphase hat ihre Vor- und Nachteile.	2
Ich freue mich auf die vor mir liegenden Jahre und werde sie nutzen.	3
Als Rentnerin oder Rentner gehört man zum «alten Eisen».	1
Im Ruhestand kann man noch wichtige Aufgaben übernehmen.	2
Ich werde mein Rentnerleben anregend und befriedigend gestalten.	3
Total	

AUSWERTUNG:

7 bis 11 Punkte: Sie sind reif für den Ruhestand, von dem Sie allerdings nicht viel erwarten. Fangen Sie jetzt schon an, Ihre Zukunft zu planen. Was macht Ihnen Freude? Probieren Sie verschiedene Freizeitaktivitäten aus.

12 bis 16 Punkte: Sie gestalten den Übergang vom Erwerbsleben in die nachberufliche Phase bewusst. Verfolgen Sie auch Ideen jenseits der gängigen Pfade.

17 bis 21 Punkte: Sie sind flexibel und werden das Leben – wie bisher – selbstbewusst und mit Tatkraft gestalten. Gönnen Sie sich auch Mussestunden. ■

⊕ Erhebungsblatt zur Budget-planung nach der Pensionierung

EINNAHMEN	JÄHRLICH	MONATLICH
AHV-Rente Mann		
AHV-Rente Frau		
Pensionskassenrente Mann		
Pensionskassenrente Frau		
Erwerbseinkommen		
Kapitalerträge		
andere Einnahmen		
Total Einnahmen		

AUSGABEN	JÄHRLICH	MONATLICH
Wohnen (Miete oder Eigentum)		
Miete		
Heiz- und Nebenkosten		
Hypothekarzins / Amortisation		
Kaminfeger / Heizungswartung		
Wasser / Abwasser / Kehricht		
Gebäudeversicherung / Liegenschaftssteuer		
Unterhalt / Reparaturen Haus und Garten		
Energie / Kommunikation		
Elektrizität / Gas		
Telefon / Internet / Mobiltelefon		
Radio / TV / Kabel		
Steuern		
Staats-, Gemeinde- und Kirchensteuern		
direkte Bundessteuer		
Versicherungen		
Krankenkasse / Unfall		
Hausrat / Privathaftpflicht		
andere Versicherungen		

Öffentlicher Verkehr / Velo
Abonnemente
Einzel- und Mehrfahrtenkarten
Velo / Mofa (Reparaturen, Benzin)

Auto/Motorrad
Steuern (Strassenverkehrsamt)
Versicherung
Benzin
Service / Reparaturen / Reifen / Vignette
Garage / Parkplatz
Amortisation / Leasing

Haushalt
Nahrung / Getränke
Waschmittel, Kosmetika, Kleider- und
Schuhpflege usw.
Gäste, alkoholische Getränke
Haustiere
Kleider / Wäsche / Schuhe Mann
Kleider / Wäsche / Schuhe Frau
Taschengeld Mann (Freizeit, Coiffeur, Rauchen)
Taschengeld Frau

Verschiedenes
Zeitungen / Zeitschriften
Mitgliedschaften / Vereinsbeiträge
Musik / Sport
Haushalthilfe
Anderes

Rückstellungen
Franchise / Selbstbehalt Krankenkasse
Zahnarzt / Optiker / Medikamente
Therapien
Geschenke, Spenden
Ferien
Unvorhergesehenes / Anschaffungen
Total Ausgaben

Überschuss / Fehlbetrag

Testament für Ehegatten und Lebenspartner

Achtung: Dies ist ein Muster zum Abschreiben. Ein Testament ist nur handgeschrieben, datiert und unterschrieben gültig. Schreiben Sie diesen Text von Hand ab und passen Sie die Stellen entsprechend an.

Ich, (Name, Vorname), geboren am (Geburtsdatum), Bürger/in von (Heimatort/Staatsangehörigkeit), verfüge letztwillig wie folgt:

I.
Ich widerrufe sämtliche letztwilligen Verfügungen, die ich jemals getroffen habe.

II.
Ich beabsichtige, (meine Ehefrau/meinen Ehemann, meine Lebenspartnerin/meinen Lebenspartner: Name, Vorname, Geburtsdatum) so weit als möglich zu begünstigen. Unter Vorbehalt allfälliger Pflichtteilsrechte, insbesondere meiner Kinder, setze ich (sie/ihn) deshalb als (Alleinerbin/Alleinerben) ein.

1. Variante:
Ich setze meine (Ehefrau/meinen Ehemann, meine Lebenspartnerin/meinen Lebenspartner) als (Alleinerbin/Alleinerben) meiner gesamten Hinterlassenschaft ein. *

2. Variante nur für Ehepaare:
Ich wende (meiner Ehefrau/meinem Ehemann) $1/4$ zu Eigentum und am Restnachlass im Sinne von Art. 473 ZGB die lebenslängliche und unentgeltliche Nutzniessung zu. **

---

* Diese Variante verletzt den Pflichtteil Ihres Noch-Ehegatten, Ihrer Kinder oder Ihrer Eltern. Ficht keiner das Testament innert Jahresfrist seit dessen Eröffnung gerichtlich an, ist es aber verbindlich.

** Nicht gemeinsame Nachkommen können innert Jahresfrist seit der Testamentseröffnung die unbelastete Herausgabe ihres Pflichtteils fordern.

III.

(Meiner Ehefrau / meinem Ehemann, meiner Lebenspartnerin / meinem Lebenspartner) steht überdies das Recht zu, die von (ihr / ihm) gewünschten Vermögenswerte und Gegenstände meiner Hinterlassenschaft auf Anrechnung an (ihren / seinen) Erbteil vorab zu bestimmen.

Variante:

Für folgende Gegenstände und Vermögenswerte gilt jedoch eine abweichende Regelung:

■ Folgenden Gegenstand (z. B. Perlenkette) vermache ich (Name, Vorname, Wohnort).
■ Mein Konto (Bank, Kontonummer) ist für mein Patenkind (Name, Vorname, Wohnort) bestimmt.

IV.

Sollte ich gleichzeitig oder nach (meiner Ehefrau / meinem Ehemann, meiner Lebenspartnerin / meinem Lebenspartner) ableben, setze ich als (Alleinerben / Alleinerbin) ein (Name, Vorname, Wohnort).

V.

Ich bestimme (meine Ehefrau / meinen Ehemann, meine Lebenspartnerin / meinen Lebenspartner) zu meiner / meinem Willensvollstrecker / in.
Sollte (sie / er) das Mandat ablehnen, bestimme ich ersatzweise (Name, Vorname, Wohnort).

Ort, Datum, Unterschrift _____

(Zusatz)

Testamentarische Anordnung für mein Haustier

Mein(e) Tier(e) (Name) vermache ich als Legat an
(Vorname, Name, Adresse, Geburtsdatum, Bürgerort).

Für den Unterhalt des Tieres haben meine Erben
(ihr / ihm) Fr. _____ auszuzahlen.

Erbteil, Pflichtteil, verfügbare Quote

Erblasser/in	Hinterlassene	Gesetzlicher Erbteil	Pflichtteil	Verfügbare Quote
Ledig, geschieden oder verwitwet; keine Kinder	Beide Eltern	je $1/2$	je $1/4$	$1/2$
	Ein Elternteil, Geschwister	$1/2$ zusammen $1/2$ (Nichten/Neffen erben Quote verstorbener Geschwister)	$1/4$ —	$3/4$
	Ein Elternteil, Verwandte des verstorbenen Elternteils	$1/1$ —	$1/2$ —	$1/2$
	Geschwister	zusammen $1/1$ (Nichten/Neffen erben Quote verstorbener Geschwister)	—	$1/1$
	Onkel/Tante der Mutterseite	$1/2$	—	$1/1$
	Onkel/Tante der Vaterseite	$1/2$ (Cousins/Cousinen erben Quote der Vorverstorbenen)	—	
Ledig, geschieden oder verwitwet; mit Kindern	Kinder	zusammen $1/1$	zusammen $3/4$	$1/4$
Verheiratet, in eingetragener Partnerschaft oder getrennt; mit Kindern	Ehegatte/Partnerin	$1/2$	$1/4$	$3/8$
	Kinder	zusammen $1/2$ (Enkel erben Quote verstorbener Kinder)	zusammen $3/8$	

Verheiratet, in ein-getragener Partner-schaft oder getrennt; keine Kinder	Ehegatte / Partnerin	$1/1$	$1/2$	$1/2$
	Ehegatte / Partnerin	$3/4$	$3/8$	$1/2$
	Beide Eltern	je $1/8$	je $1/16$	
	Ehegatte / Partnerin	$3/4$	$3/8$	$9/16$
	Ein Elternteil	$1/8$	$1/16$	
	Geschwister	zusammen $1/8$ (Nichten / Neffen erben Quote verstorbener Geschwister)	—	
	Ehegatte / Partnerin	$3/4$	$3/8$	$1/2$
	Ein Elternteil	$1/4$	$1/8$	
	Verwandte des verstorbenen Elternteils	—	—	
	Ehegatte / Partnerin	$3/4$	$3/8$	$5/8$
	Geschwister	zusammen $1/4$ (Nichten / Neffen erben Quote verstorbener Geschwister)	—	
	Ehegatte / Partnerin	$1/1$	$3/4$	$1/4$
	Onkel, Tanten, Cousins, Cousinen	—	—	

Links und Adressen

Allgemeine Beratung

www.beobachter.ch
Das Wissen und der Rat der Fachleute in acht Rechtsgebieten stehen den Mitgliedern des Beobachters im Internet und am Telefon zur Verfügung. Wer kein Abonnement der Zeitschrift oder von Guider hat, kann online oder am Telefon eines bestellen und erhält sofort Zugang zu den Dienstleistungen.

- www.guider.ch: Guider ist der digitale Berater des Beobachtetrs mit hilfreichen Antworten auf Rechtsfragen.
- Am Telefon: Montag bis Freitag von 9 bis 13 Uhr. Direktnummern der Fachbereiche unter www.beobachter.ch/beratung (→ Beratung per Telefon) oder unter 043 444 54 00
- Kurzberatung per E-Mail: Link zu den verschiedenen Fachbereichen unter www.beobachter.ch/beratung (→ Beratung per E-Mail)

www.prosenectute.ch
Pro Senectute Schweiz
Geschäfts- und Fachstelle
Lavaterstrasse 60
8027 Zürich
Tel. 044 283 89 89
Beratungsstellen in Kantonen und Regionen, grosses Dienstleistungsangebot, Fachstelle Alter und Arbeit AvantAge (Pensionierungsvorbereitung), umfassende Fachbibliothek, Links zu vielen Seniorenvereinigungen

Ernährung

www.ernaehrung.ch
Portal mit zahlreichen Infos und Links zu den Themen Ernährung und Fitness

www.sge-ssn.ch
Schweizerische Gesellschaft
für Ernährung
Schwarztorstrasse 87
3001 Bern
Tel. 031 385 00 00
Online-Ernährungstest, Beratung und Diätempfehlungen, Literatur

www.svde-asdd.ch
Schweizerischer Verband diplomierter
Ernährungsberaterinnen
Altenbergstrasse 29
3000 Bern 8
Tel. 031 313 88 70
Vermittelt Adressen für individuelle Ernährungsberatungen

www.tavolata.ch
Netzwerk für selbstorganisierte Tischgemeinschaften

Finanzen

www.ahv-iv.ch
Merkblätter, Formulare und Adressen zu AHV, IV und Ergänzungsleistungen

www.bsv.admin.ch
Bundesamt für Sozialversicherungen
Effingerstrasse 20

3003 Bern

Tel. 058 462 90 11

Kompetenzzentrum des Bundes mit Informationen, Zahlen und Fakten zu AHV/IV, Ergänzungsleistungen, beruflicher Vorsorge und weiteren Sozialversicherungen

www.budgetberatung.ch

Online-Budget; Adressen von lokalen Beratungsstellen

www.postfinance.ch

Themendossiers und Online-Rechner zur Altersvorsorge

www.schweizerpersonalvorsorge.ch

Informatives Portal zur beruflichen Vorsorge in der Schweiz

www.vermoegenszentrum.ch

VZ VermögensZentrum AG

Beethovenstrasse 24

8002 Zürich

Tel. 044 207 27 27

Informationen und Berechnungstabellen; professionelle Beratung in Finanzfragen (gegen Honorar): Büros in Basel, Bern, Lausanne, St. Gallen, Zug und weiteren Städten

www.vorsorgeforum.ch

Daten, Fakten und Kommentare zur Vorsorge

www.vsv-asg.ch

Verband Schweizerischer Vermögensverwalter

Bahnhofstrasse 35

8001 Zürich

Tel. 044 228 70 10

Führender Branchenverband der unabhängigen Vermögensverwalter mit Mitgliederverzeichnis

Freiwilligentätigkeit

www.adlatus.ch

Netzwerk erfahrener Führungskräfte und Fachspezialisten (bescheidenes Honorar)

www.benevol.ch

Dachorganisation der Fach- und Vermittlungsstellen für Freiwilligenarbeit; Vertrieb des Schweizer Sozialzeitausweises

www.innovage.ch

Netzwerk von gut qualifizierten Pensionierten, die neue Projekte ausarbeiten

www.radelnohnealter.ch

www.redcross.ch

Kantonalverbände organisieren Freiwilligeneinsätze im Sozial- und Gesundheitsbereich

rentarentner.ch

obugoo.ch

Plattformen für die Vermittlung von Pensionierten für vielfältige Dienstleistungen und Kontakte

www.senexpert.ch

Verein ehemaliger Führungskräfte und Fachspezialisten; befristete Einsätze (bescheidenes Honorar)

www.wwf.ch

Bürgerschaftliche Engagements im Natur- und Umweltschutz

Freizeit

www.computerias.ch
*Gemeinsam mit anderen den Computer
erkunden; Links zu Treffpunkten in
verschiedenen Städten*

www.klubschule.ch
*Breites Bildungs- und Sportprogramm
der Migros Klubschulen*

www.museumspass.ch
*Der Schweizer Museumspass verschafft
freien Eintritt in rund 500 Museen und
Ausstellungen*

www.prosenectute.ch
*Breites Bildungs- und Sportprogramm
in den einzelnen Kantonen*

www.seniorenuni.uzh.ch
*Weiterbildung an der Universität Zürich
für Menschen ab 60*

www.stiftung-kreatives-alter.ch
Tödistrasse 17
8022 Zürich
Tel. 058 283 50 05
*Alle zwei Jahre Preisausschreiben für
kreative Arbeiten von Personen über 70;
Preissumme: 12 x 10 000 Franken*

www.up-vhs.ch
*Verband der Schweizerischen
Volkshochschulen mit Adressliste
aller Volkshochschulen*

www.w-a-b.ch
*Umfassende Datenbank
von Weiterbildungen*

Gesundheit

www.bag.admin.ch
*Bundesamt für Gesundheit mit vielen
Infos zu gesundheitlichen Belangen*

www.gedaechtnistraining.ch
*Online-Übungen, Adressen von Gedächtnis-
Trainerinnen*

www.gesund.ch
*Portal mit zahlreichen Infos zur Komplemen-
tärmedizin in der Schweiz, Adressen von
Therapeutinnen, Heilpraktikerinnen und
Verbänden*

www.gesundheitsfoerderung.ch
*Kampagnen, Tipps und Tools
der Gesundheitsförderung Schweiz*

www.medix.ch
*Merkblätter und Gesundheitsdossiers
u. a. zum Thema «Check-up»*

www.osteoswiss.ch
*Schweizer Osteoporose-Portal mit Informa-
tionen, Gymnastikübungen, Forum*

www.patientenstelle.ch
*Patientenstellen der Schweiz mit Adressen
der regionalen Beratungsstellen*

www.safetravel.ch
Reisemedizin

www.spitex.ch
Spitex Verband Schweiz
Sulgenauweg 38
3000 Bern 23
Tel. 031 381 22 81
Hilfe und Pflege zu Hause; Adressen der

lokalen Spitex-Organisation unter der Rubrik
«Spitex vor Ort» oder im Telefonbuch

www.spo.ch
*Stiftung SPO Patientenschutz mit Adressen
der regionalen Beratungsstellen*

www.swissheart.ch
*Schweizerische Herzstiftung,
Informationen, Tests*

Migration / Auswandern

www.alter-migration.ch
*Plattform des nationalen Forums Alter
und Migration*

www.aso.ch
*Auslandschweizer-Organisation (ASO);
Auswanderungsberatung, Dienstleistungen
für Auslandschweizerinnen und -schweizer*

www.fcli.ch
*Colonie Libere Italiane, italienische
Migrantenorganisation*

Missione Cattolica Italiana
*Italienische Migrantenorganisation mit
vielen lokalen Aktivitäten (keine zentrale
Website oder Adresse)*

www.swissemigration.ch
*Informationen vom Bundesamt für
Migration für Auswanderungswillige;
detaillierte Länderdossiers*

Organisationen und Internet-Plattformen

www.ssr-csa.ch
Worblentalstrasse 32
3063 Ittigen
Tel. 031 924 11 00
*Der Schweizerische Seniorenrat ist bera-
tendes Organ des Bundesrats in Altersfragen.
Links zu anderen Altersorganisationen*

www.seniorenfragen.ch
Schweizerischer Verband
für Seniorenfragen
Sekretariat/Geschäftsstelle
Grossmorgen 5
8840 Einsiedeln
Tel. 079 434 02 36
*Dachorganisation von regionalen und
kantonalen Senioren- und Rentnerverbänden
sowie Pensioniertenvereinigungen mit
rund 16 000 Mitgliedern*

www.seniorentreff.ch
*Plattform für Kommunikation und Gesellig-
keit von Menschen reiferen Alters, Foren und
Chats zu unterschiedlichen Themen*

www.seniorweb.ch
Vielfältiges Portal für die Generation 50plus

www.suchenfinden.ch
*Internet-Startseite mit direkten Links für
die Bedürfnisse älterer Menschen*

www.terzstiftung.ch
*Setzt sich für eine neue, generationen-
gerechte Vision des Alterns ein*

www.uba.ch
Unabhängige Beschwerdestelle für das Alter

www.vasos.ch
*Vereinigung aktiver nationaler, regionaler
und lokaler Senioren- und Selbsthilfe-
organisationen; Links unter den Rubriken
«Mitglieder» und «Verbindungen»*

Partnerschaft

Plattformen für die Vermittlung
von Partnerschaften:
www.parship.ch
www.singleboersen-vergleich.ch
www.swissfriends.ch

Sport

www.baspo.admin.ch
www.prosenectute.ch

Sprachen lernen im Ausland

Vermittlung und Beratung
für Sprachaufenthalte:
www.esl.ch
www.sprachaufenthalt-fremdsprache.ch
www.sprachen.ch
www.sprachreisezentrale.ch

Wohnen

www.age-stiftung.ch
*Unterstützt innovative Wohnprojekte, Betreu-
ungs- oder Dienstleistungsmodelle mit
Informationen und finanziellen Beiträgen*

www.hausinfo.ch
Infoportal für Wohneigentümer

www.hev-schweiz.ch
Hauseigentümerverband Schweiz (HEV)
Seefeldstrasse 60
8032 Zürich
Tel. 044 254 90 20
*Vertritt die politischen und wirtschaft-
lichen Interessen der Hauseigentümer;
Infos rund ums Eigenheim*

www.hindernisfrei-bauen.ch
*Checklisten für alters- und behinderten-
gerechtes Bauen, Adressen von Fachstellen*

www.mieterverband.ch
Geschäftsstelle
Bäckerstrasse 52
8004 Zürich
Tel. 043 243 40 40
*Links zu den kantonalen Mieterinnen- und
Mieterverbänden*

www.neueswohnen50plus.ch
*Ausstellung des ETH-Wohnforums
mit Wohntest*

www.wohnenimalter.ch
*Infos und Checklisten für altersgerechte
Wohnungen*

www.wohnform50plus.ch
*Internetportal von Pro Senectute zu
verschiedenen Wohnformen; Vermittlung
von Wohnpartnerschaften*

Literatur

Battaglia, Denise: **Leben, Tod und Selbstbestimmung.** Über den Sinn des Lebens, den Umgang mit Schicksalsschlägen, das Altern und das Sterben. Beobachter-Edition, Zürich 2016

Baumgartner, Gabriela: **Mit Geld richtig umgehen.** Budget, Sparen, Wege aus der Schuldenfalle. 2. Auflage, Beobachter-Edition, Zürich 2012

Bodenmann, Guy; Fux, Caroline: **Was Paar stark macht.** Das Geheimnis glücklicher Beziehungen. 6. Auflage, Beobachter-Edition, Zürich 2017

Duran, Michel; Loacker, Susanne: **Mein Rücken-Coach.** Starke Übungen für mehr Lebensqualität. Beobachter-Edition, Zürich 2015

Freiermuth, Andrea; Schüler, Julia: **Fitness beginnt im Kopf.** Motivations tipps für Bewegungsmuffel und Sporteinsteiger. Beobachter-Edition, Zürich 2012

Hubert, Anita: **Ergänzungsleistungen.** Wenn die AHV oder IV nicht reicht. Beobachter-Edition, Zürich 2016

Jahn, Ruth; Mathis, Johannes; Roth, Corinne: **Schluss mit Schlafproblemen!** So verbessern Sie Ihre Schlafqualität und Ihr Wohlbefinden. 2. Auflage, Beobachter-Edition, Zürich 2014

Koch, Robert: **Mein Anti-Aging-Coach.** Die besten Tipps – von westliche und östlicher Medizin inspiriert. Beobachter-Edition, Zürich 2014

Richle, Thomas; Weigele, Marcel: **Vorsorgen, aber sicher!** So planen Sie Ihre Finanzen fürs Alter. 3. Auflage, Beobachter-Edition, Zürich 2015

Stäheli Haas, Katrin: **Wohnen und Pflege im Alter.** Selbständig leben, Entlastung holen, Heim finanzieren. Beobachter-Edition, Zürich 2011

Strebel Schlatter, Corinne: **Wenn das Geld nicht reicht.** So funktionieren die Sozialversicherungen und die Sozialhilfe. 2. Auflage, Beobachter-Edition, Zürich 2016

Studer, Benno: **Testament, Erbschaft.** Wie Sie klare und faire Verhältnisse schaffen 17. Auflage, Beobachter-Edition, Zürich 2017

von Flüe, Karin: **Letzte Dinge.** Fürs Lebensende vorsorgen – mit Todesfällen umgehen. 4. Auflage, Beobachter-Edition, Zürich 2015

von Flüe, Karin: **Paare ohne Trauschein.** Was sie beim zusammenleben wissen müssen. 8. Auflage, Beobachter-Edition, Zürich 2016

Stichwortverzeichnis